高语境语言中的逻辑学运用

丁勇 刁岚 著

图书在版编目（CIP）数据

高语境语言中的逻辑学运用/丁勇，刁岚著. --沈阳：辽宁大学出版社，2024.12
ISBN 978-7-5698-1360-9

Ⅰ.①高… Ⅱ.①丁…②刁… Ⅲ.①语言逻辑学－研究 Ⅳ.①H0-05

中国国家版本馆 CIP 数据核字（2023）第 157016 号

高语境语言中的逻辑学运用
GAOYUJING YUYAN ZHONG DE LUOJI XUE YUNYONG

出 版 者：	辽宁大学出版社有限责任公司
	（地址：沈阳市皇姑区崇山中路66号　邮政编码：110036）
印 刷 者：	定州启航印刷有限公司
发 行 者：	辽宁大学出版社有限责任公司
幅面尺寸：	170mm×240mm
印　　张：	15.75
字　　数：	250 千字
出版时间：	2024 年 12 月第 1 版
印刷时间：	2024 年 12 月第 1 次印刷
责任编辑：	张　蕊
封面设计：	徐澄玥
责任校对：	张宛初

书　　号：ISBN 978-7-5698-1360-9
定　　价：88.00 元

联系电话：024-86864613
邮购热线：024-86830665
网　　址：http://press.lnu.edu.cn

前 言

虽然语言和逻辑归属于两种不同的知识体系，但它们之间存在着相互依存、互为表里、彼此对应、密不可分的广泛联系。把两者按照对应关系结合起来学习，对于提高人们的语言表达能力和思维水平大有裨益。

高语境语言是指对语境高度依赖的语言，其信息传递与社会文化环境和交际者所处的具体情境息息相关。显性清晰的编码所负载的信息量相对较少，交际者通常不直接且清晰地表达意见和想法，而是希望通过对比释义或隐含暗示，让对方领会自己的真实交际意图。在应用这类语言进行交流的过程中，大部分信息或存于物质语境中，或内化于交际者的思维记忆深处，人们更注重社会文化环境和交际者所处的具体情境，对交际语境中的种种微妙提示更为敏感。

汉语是较为典型的高语境语言，在沟通交流过程中通常会表现出含蓄、委婉和模糊的特点。在言语交际中，交际者明确表现出来的面部表情、行动，交际者没明确表现出来的难以言说的情绪、微妙的手势，交际双方的交往速度、交往地点，以及其他周围环境细节都是丰富的信息载体，带给敏感的交际者无限的信息与深意。

因此，学习汉语，不仅要掌握语音、词汇、语法等系统的语言知识，还必须厘清汉语表述的内在逻辑，明白什么是语境，以及高语境语言与低语境语言对语境的依赖度和逻辑表述的差异。只有在此基础上，做到深层理解和娴熟运用汉语的思维规律和逻辑规则，明白什么是汉语的悟性表述逻辑，为什么会存在跨语境的逻辑使用偏误，了解什么是汉语否定表述逻辑，汉语逻辑推理技巧有哪些，汉语话语的思维逻辑规律有哪些及如何运用，等等，才能真正正确理解和运用汉语的思维逻辑，实现语言表述妥帖自然。

卡尔·马克思认为"语言是思想的直接现实"[①]。因此，要了解语言，就要同时了解思维。本书将语言和思维相结合，探索高语境语言中的逻辑学运用。

第一章语言与思维，先阐释了语言的概念、语言与思维的关系，进一步探讨了中国语言与中国思维的独特性。

第二章高语境文化与逻辑表述，借助具体事例深入阐释了高语境文化的内涵、特征、与低语境文化的差异，系统梳理了中国逻辑的概念、发展脉络、理论分类、思想特点，重点结合实际案例，对中国语境下的逻辑学认知进行了详细介绍。

第三章至第七章从汉语的高语境特征着眼，对逻辑学范畴下汉语的逻辑表述形式进行分项阐释。

第三章汉语的悟性表述逻辑，分别从以实的形式表述虚的概念、从主观出发叙述客观事实，以及汉语的直觉性和形象性表述、整体性表述、模糊性表述五个方面，阐述了汉语悟性表述逻辑的形式与功能。

第四章汉语在跨语境逻辑中的使用偏误，针对汉语语法的意合特点、句法结构表现的多重语义、汉语虚词的表义功能、跨文化汉语同义词差异性分析、口语会话中的指称理解五个方面，详细分析了跨语境情境下汉语使用存在的偏误及内在的成因。

第五章汉语的否定表述逻辑，通过显性否定的语义表述、隐性否定的语义表述、隐性否定副词的辩证逻辑、与否定介词相关的偏误分析，详细阐释了汉语否定表述所体现出的逻辑形式与语义功能。

---

① 马克思，恩格斯. 马克思恩格斯全集：第 3 卷 [M]. 中共中央马克思恩格斯列宁斯大林著作编译局，译. 北京：人民出版社，1960：525.

前　言

第六章汉语的逻辑推理技巧，通过对推理的常见类型、三段论推理的一般规则的阐释，辨析了假言推理和选言推理的正确运用，并破斥错误二难推理的方法。

第七章汉语话语思维的逻辑规律，通过举例，对同一律、矛盾律、排中律和充足理由律四个基本规律的基本内容、逻辑结构、基本要求、常见逻辑错误、正确理解和运用等方面进行了逐项介绍。

本书内容丰富、结构严谨，语言深入浅出，结合了大量的故事和文献进行逻辑性阐述与表达，系统介绍了高语境语言中的逻辑学运用，希望能对从事语言逻辑、比较文化、中国逻辑史等方面研究的学者，以及从事汉语国际教育、跨文化交际等方面工作的教学人员起到助力与参考作用。由于作者水平有限，书中难免有不足之处，恳请各位读者批评指正。

丁勇　刁岚

2024年8月

目 录

第一章　语言与思维　/　1
　　第一节　语言的概念　/　3
　　第二节　语言与思维的关系　/　18
　　第三节　中国语言与中国思维　/　24

第二章　高语境文化与逻辑表述　/　37
　　第一节　高语境文化概述　/　39
　　第二节　中国的逻辑思想与理论　/　48
　　第三节　中国语境下的逻辑学认知　/　61

第三章　汉语的悟性表述逻辑　/　75
　　第一节　以实的形式表述虚的概念　/　77
　　第二节　从主观出发叙述客观事实　/　82
　　第三节　汉语的直觉性和形象性表述　/　86
　　第四节　汉语的整体性表述　/　95
　　第五节　汉语的模糊性表述　/　102

第四章　汉语在跨语境逻辑中的使用偏误　/　111
　　第一节　汉语语法中的意合特点　/　113

第二节　一种句法结构下的多重语义关系　/　116

　　第三节　汉语中的虚词不"虚"　/　131

　　第四节　跨文化汉语同义词差异性分析　/　133

　　第五节　口语会话中的指称理解　/　139

第五章　汉语的否定表述逻辑　/　143

　　第一节　否定表述中的逻辑内涵　/　145

　　第二节　显性否定的语义表述　/　149

　　第三节　隐性否定的语义表述　/　159

　　第四节　隐性否定副词的辩证逻辑　/　166

　　第五节　与否定介词相关的偏误分析　/　172

第六章　汉语的逻辑推理技巧　/　179

　　第一节　推理的常见类型　/　181

　　第二节　三段论推理的一般规则　/　185

　　第三节　正确运用假言推理　/　192

　　第四节　正确运用选言推理　/　201

　　第五节　破斥错误二难推理的方法　/　205

第七章　汉语话语思维的逻辑规律　/　215

　　第一节　同一律　/　218

　　第二节　矛盾律　/　225

　　第三节　排中律　/　231

　　第四节　充足理由律　/　235

参考文献　/　239

第一章　语言与思维

第一章　语言与思维

语言与人类社会的发展和进步息息相关。在当今世界的语言环境中，不论是在中国、日本、墨西哥等高语境国家，还是在美国、德国、加拿大等低语境国家，或者在法国、意大利、英国等高语境和低语境并存的国家，语言都是重要的交际工具。

到底是先有语言后有思维，还是先有思维后有语言；到底是语言影响思维，还是思维影响语言，一直是争论不休的话题。但不可否认的是，人类社会离不开语言，也离不开思维。语言让人类的表达更丰富，思维让人类的大脑更活跃。因此，对于人类来说，语言与思维都是不可或缺的。在人类文明的历史进程中，正是语言与思维的出现，人类的社会生活才会如此丰富多彩。

本章将对语言的概念、语言与思维的关系，以及中国语言与中国思维的独特性进行概要介绍。

第一节　语言的概念

人类曾在没有语言的漫漫长夜中艰难生存，人类发展的历史进程就是一个获取语言、使用语言、发展语言、创新语言技术的过程。语言出现后，人类的认知开始发生历史性变革，可以说，语言作为人类最为重要的、用于交际和思维的符号系统，成为推动人类进步的重要力量。语言是人类社会互动的基础，语言影响着人类的思维方式和思想内容。

本节主要讲述语言的概念，通过阐释什么是语言、语言的起源与发展、语言的三要素、语言的特征和语言的本质属性等，帮助研究者进一步认识人类社会这一最为重要的交际工具。

一、什么是语言

语言是人类进行沟通交流的表达方式。它同思维密切相关，是形成和表达思想的重要手段，也是人类社会最基本的信息载体。语言是人区别于其他动物的本质特征之一，共同的语言又是民族的显性特征。就本身的机制来说，语言是社会共享或约定俗成的由语音、词汇和语法构成的符号系统。语言是一种特殊的社会现象，它随着社会的产生而产生，随着社会的发展而发展。

就广义而言，语言是通过遵循一套共同的处理规则来进行表达的沟通指令，是所有人能通过学习而掌握的一种能力。从结构本体上来看，语言是一个声音和意义相结合的符号系统，这个系统是有规则、有层级的自主有机体，随着它所刻画的外部世界的变化而变化。

人类使用语言的方式主要有肢体行为和文字两种，其中肢体行为包括口述声音、手势和表情，也就是常说的肢体语言，而口语是人类进行交际交流的最主要手段；文字是语言书面化的直观显示，是语言的书写符号系统，是"符号的符号"。

二、语言的起源与发展

（一）语言的起源

人类从诞生之日起，经过上百万年的进化，逐渐从难以交流的呼呼喊喊走到了当今语言顺畅沟通的时代。人类语言交流从何时产生至今无法溯源、尚无定论。

关于语言的起源，目前有多种说法，如神授说、人创说、劳动创造说等。关于人创说又有多种不同的看法，有的认为语言起源于人类对外界各种声音的模仿；有的认为语言起源于人们的手势；有的认为语言是从原始人类的各种叫声中演变而来。这些看法体现了人类对语言起源问题的持续思考和不懈探索。

对"语言是怎样产生的？"这一问题，德国哲学家汉斯-格奥尔格·伽达默尔将其比喻为"孩子何时首次认出自己的母亲"①。他认为，探讨语言的产生就如同探讨孩子何时首次认出自己的母亲那样，没有一个明确的时间节点，只是一个不为人所知的偶然成熟的时机，这件事就自然地发生了，语言的诞生是量变到质变的漫长过程。

在英国生物学家达尔文的进化论基础上，恩格斯认为语言起源于劳动。在他看来，劳动为语言的产生提供了社会化的需要，语言的产生也推动了原始人类的发音器官的进化，无意义的叫声逐渐演化成带有语音词汇表达的语言。②

从现代科学对语言起源的推测来看，语言的起源必须具备三个条件：一是心理条件，即人类思维能力要发展到一定水平，能够对客观事物进行分类概括，并具有一定的记忆、想象、判断和推理的能力；二是生理条件，即人类的喉头和口腔声道必须进化到能够发出清晰的声音的程度；三是社会条件，即人类社会的发展必须到了"彼此间有些什么非说不可的地步了"。这三个必要条件缺一不可，而创造这三个条件的是人类的劳动。

（二）语言的发展

1. 语言接触

语言接触是指不同语言或同一语言的不同方言之间基于各种活动产生的频繁互动及由此所产生的结果。导致语言接触的主要原因包含贸易、文化交流、移民杂居等。语言接触通常会表现为相互影响，进而使双方或多方语言都发生一些变化。一种语言受另一种语言影响的常见表现是借用，在一定历史条件下，稳定而长期的语言接触有可能改造一种语言，或产生一种新的融合性语言。前者如太平洋美拉尼西亚群岛的洋泾浜英

---

① 伽达默尔. 诠释学Ⅱ：真理与方法 [M]. 修订译本. 洪汉鼎，译. 北京：商务印书馆，2007：273.
② 马克思恩格斯选集：第3卷 [M]. 中共中央马克思恩格斯列宁斯大林著作编译局，编译. 北京：人民出版社，2012：991.

语，已成为国家广播语言的一种。后者如佛得角群岛的通用语言葡萄牙克里奥尔语，它是葡萄牙语和当时的当地语言融合形成的新语言。在同一言语的社团或区域里，两种或两种以上的语言虽然相互影响，但仍能保持各自独立的现象，在语言接触现象中被称为双语。例如，在卢森堡大公国，德语、法语和卢森堡本地语言各自保持独立。现代语言接触的日常形式是翻译和外语学习。

2. 语言融合

语言融合是随着不同民族的接触或融合而产生的一种语言现象，是不同语言统一为一种语言的基本形式。汉语在历史上曾和很多民族的语言发生过融合，如春秋战国是我国历史上的分裂割据时期，但从民族关系和语言关系上来说，却是一个大融合时期，汉语在融合中成为胜利者。语言融合包括语言的同化和语言的混合。

语言同化是指一种语言排挤或替代其他语言，从而使被排挤、被替代的语言趋于消亡的现象。语言融合的过程大体上是先出现双语现象，最后导致一种语言排挤替代另一种语言而完成语言的统一。双语现象是指被融合民族的成员一般会讲两种语言：本族语和在融合中占优势的那种语言。虽然双语现象的形成最后是否导致语言的融合取决于社会历史条件，但双语现象是一种语言或几种语言统一为一种语言的必经过渡阶段。语言融合的结果总是一种语言胜利，其他语言失败。胜利的语言保留自己的语法和基本词汇，并从失败的语言中吸收一些成分，进而按自己的规律继续发展。

语言混合是指两种或者两种以上的语言长期互动，彼此间不同的语言成分互相影响、互相结合，产生一种不同于原来任何一种语言的混合语言。这种作为临时交际工具使用的混合语在我国最早流行于20世纪初的上海，当时被称为"洋泾浜"。"洋泾浜"的语法简单，语汇贫乏，交际功能十分有限。因此严格说来，它算不上一种语言，只是在外语水平不高的情况下的一种应急产物。

三、语言的三要素

语言有语音、语法和词汇三要素，它们是构成一种完整语言的必要手段和必需因素。其中，语音是语言的物质外壳，语法是语言的建筑规则，词汇是语言的建筑材料。语言三要素的关系，如图1-1所示。

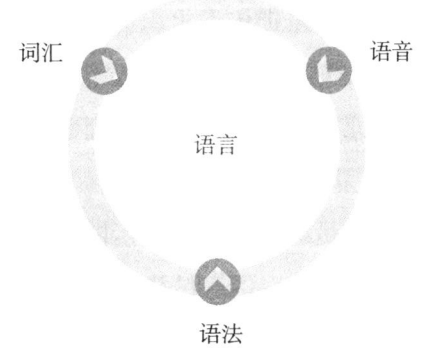

图1-1 语言三要素的关系

（一）语音

语音即语言的声音，是人类通过发音器官发出的具有一定社会意义的声音。语音是语言的外部形式，是最直接地记录人的思维活动的符号，是语言交际工具的声音形式。人类的语言最初是以语音的形式形成的。

人的发音器官及其活动情况是语音的生理基础，包括三个部分。第一，呼吸器官，包括肺、气管和支气管。肺是主要的呼吸器官，是产生语音动力的基础。第二，喉头和声带，它们是产生震颤的发音体。第三，口腔、咽腔、鼻腔，它们都是发音的共鸣器。

语音的构成主要包括音高、音强、音长、音色四种要素，这也是构成语音的物理基础。音高指声波频率，语音的音高取决于声带的振动频率；音强指声波振幅的大小，语音的音强取决于发音时声门下压力的大小；音长指声波振动持续时间的长短，语音的音长指发某个音段或语音成分所用的时间；音色指声音的特色和本质，主要由其谐音的多寡及各

高语境语言中的逻辑学运用

谐音的相对强度所决定。

语音和语义的联系是人们在长期的语言实践中约定俗成的,这种音义的结合关系体现了语音有重要的社会属性。

(二)语法

语法包括词法和句法,是把语素组织成词,把词组织成词组、句子和篇章的方式和规则,是词的构成、变化规则、成句规则三者的总和。一种语言的语法系统以充分满足逻辑思维和充分表达思想为原则,这个原则也是趋于稳定的。

语法有两层含义,一是结构规律本身,即日常话语的语法规律;二是语法学,即研究、描写、解释语言结构规律的科学。语法学又分为词法和句法两个部分,词法以词类和词形为研究对象,句法以短语和句子为研究对象。例如:

我是一名中国人。

这个句子虽然简短,但有着严格的语法结构规律和严谨的逻辑,主谓宾均有,而且词的搭配合理,词义表达明确,不会产生解读上的混乱。

(三)词汇

词汇又称语汇,是一种语言里所有的(或特定范围的)词和固定短语的总和,也可以指某一个人或某一部作品所用的词和固定短语的总和。词汇是词的集合体,词汇和词的关系是集体与个体的关系。

一种语言的词汇系统不是杂乱无章的,而是一个有机的系统。词汇系统中的词语之间有着各种各样的联系。语义上有同义关系、反义关系、上下义关系等,语形上有同音关系、同形关系、同素关系、同构关系等。此外,时间、地域、语源、语境、语体等多个方面的因素都可使词汇系

·8·

统中的词语形成多种多样的联系。词汇的系统性还体现为词语相互之间的制约性。词汇系统中一个词语的变化往往会影响与之相关的其他词语。社会生活的发展变化会很快反映在词汇系统中。这就使得一些旧词旧语逐渐消失，很多新词新语又不断涌现。

（四）三要素的关系

语音、语法和词汇是语言的三大要素，它们在语言内部既有相对独立性，又密切联系、相互制约。

语法的建筑材料是词汇，没有词汇，就不可能有句子，也就不可能有语法；反之，没有语法，词汇中的词语只是一堆构造句子的材料，只有把一定的词语按照语法规则组合起来，才能成为句子，才能表达思想和进行言语交际。

语法有形式和意义，即语法形式和语法意义。任何语法范畴都是语法形式和语法意义的统一。表示语法意义的形式多种多样，如汉语除了语序、虚词等形式，语音节律（轻重、停顿、音节、连读变调、特定音素、语调等）也是重要的语法形式。反之，语句中的语音节律的种种变化，也能够决定语法中的各种语法意义。

词汇中的词语是语音和语义的结合体，语音是"能指"，语义是"所指"，两者合二为一：没有语音，语义只是头脑中的概念，没有词汇系统，也不可能总结出一种语言的语音系统。

四、语言的特征

语言在运用中，具有指向性、描述性、逻辑性、交际性、传播性等特征，如果在运用语言时忽视或者利用错这些特征，就会产生有问题的话语。语言的特征，如图1-2所示。

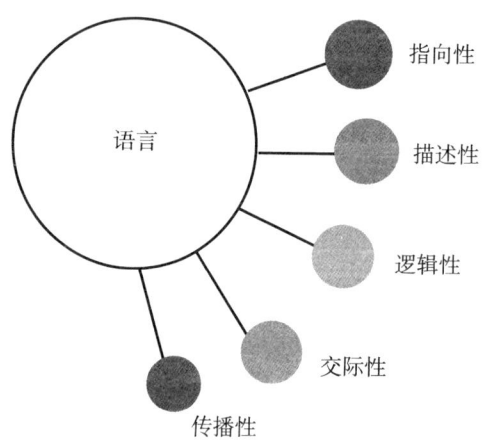

图 1-2 语言的特征

（一）指向性

语言具有鲜明的指向性特征，任何一句话都会指向特定的人或者事物。指向性在一定程度上说明语言具有吸引、诱导等特征，即一件事如果经由语言表达出来，听者就会产生与之相关的想象。例如：

> 昨天，我去那家新开业的店买了冰激凌。一盒里放了三颗冰激凌球，一个草莓的，一个巧克力的，一个香草的，上面撒满了巧克力碎，还插着红颜色的糖条，看起来特别好看。咬一口，特别的甜！你若去的话一定尝尝那个草莓球，软软的，凉凉的，特别好吃。

在这段话中，一个人对另一个人说起了一家新开业的冰激凌店卖的冰激凌有多么的好吃，还大体描述了冰激凌的形状、颜色，着重强调了草莓冰激凌球的口味。另一个人一定会在头脑中想象出这个冰激凌的形状、颜色、口味。这就是语言指向性的作用，说者对事物描述得越详细，听者产生的与之相关的想象就越丰富。

第一章 语言与思维

又如：

> 现在请你不要去想一只白猫，不要想一只有长长尾巴、正在偷吃鱼的白猫。

这是一个有名的心理学小实验，一开始就说明请你不要去想，但是随着描述逐渐细致深入，你恰恰就会去想一只有长长尾巴、正在偷吃鱼的白猫。这也是由于语言的指向性吸引、诱导着听者的思维产生相关想象。

（二）描述性

语言是表达思想的媒介，其描述性是语言内容和语义表达的客观体现，语言表达的不同方式会影响所描述内容的正确与否。语言的描述性因语言的指向性变化而变化，例如：

> 北宋元丰二年，东坡守杭，谒拜一寺院，未报家名。方丈曰："坐，茶。"方丈近观，见一秀才，曰："请坐，上茶。"东坡颔首恭谢。寒暄数语，方丈曰："尊姓大名？"东坡曰："鄙人苏东坡。"方丈乍惊：大文豪也！"请上座，上好茶。"

方丈从见到苏东坡到认识苏东坡经历了态度上由冷到热的转变，其语言也从"坐，茶"到"请坐，上茶"再到"请上座，上好茶"，话语对"茶"和"坐"的描述性受到语言指向性变化的影响，也开始变得恭敬起来。

（三）逻辑性

语言系统是一个有结构、有规则的指令系统，语言的逻辑性是指语

言的使用契合与之相关联的思维形式,符合思维规律。语言的逻辑性也随语言的指向性描述而变化。例如:

她真的很漂亮。
她看起来很漂亮。

第一句话表示出说话者认为她的漂亮很真实,第二句话表示出说话者认为她的漂亮是通过打扮等行为展示出来的。两句话的逻辑语义都是表达"漂亮"这个判断,但是受语义指向性表达的影响,听者能明显判断出两句话"漂亮"的含义大相径庭。

(四)交际性

语言是人类最重要的交际工具,交际功能是语言重要的、主导的社会功能。从信息学的角度看,语言是一种代码,能够传递社会信息,语言交际就是说话人通过语言发送信息,听话人通过语言接收信息,达到交流思想、互相了解的目的。具体地说,运用语言进行交际的过程就是信息的编码、发出、传递、接收和解码的过程。

语言的交际性十分注重语境的变化,并要求话语有互动性,营造一种交际性的语言环境。例如:

"刚才我在咱们班捡到了一串钥匙,是谁的?"
"是我的。"

在一问一答间,说话双方便完成了简单交际的沟通与互动。

(五)传播性

语言具有无限传播的能力,以使话语双方或多方获得相同信息为最终目的。使用语言进行沟通需要采用一套具有统一编码解码标准的信息指令，运用这套指令需要经过后天的学习，人类学习语言的过程就是语言传播的过程。

语言呈波状向外放射，在扩大语言圈域的外延的同时，逐渐向相邻地区扩展，进而通过外延地区向其相邻地区连续传播。随着时间和距离的延长，语言的传播圈域会逐渐缩小，由于人类活动身份的不同，语言也会体现出明显的阶层性。在传播过程中，两种及以上语言同时存在就会产生竞争和排他现象，语言作为工具本身会在竞争中互相融合而后趋于同化，整个语言系统通常也由单纯表现进入复杂表现，并随着经济、文化、技术的进步而逐渐演化。

五、语言的本质属性

语言始终与人类社会密切相连，社会性与全民性是语言的本质属性。

语言的产生与发展都与社会生活密切相关。人类共同的交往需要使语言具有全民性特点。作为交际和思维的工具，不论使用它的人或集团的社会地位如何，语言都一视同仁地为社会全体成员服务。语言的本质属性，如图 1-3 所示。

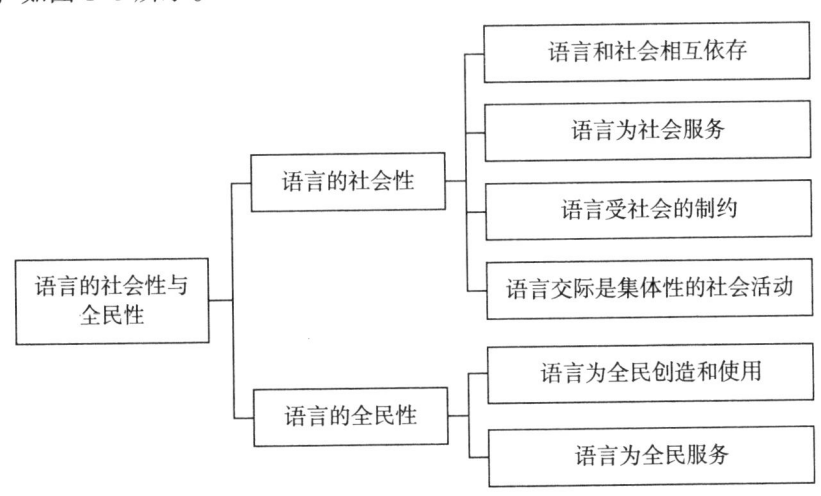

图 1-3 语言的本质属性

（一）语言的社会性

1. 语言和社会相互依存

社会因人类产生、繁衍与发展而形成和发展，而语言是人类从洪荒野蛮走向理智文明的主要象征。因此，从语言、社会和人类的产生来看，三者互为条件，互为表里。只有人类才有语言，也只有人类才能组成社会，语言依附社会而存在。随着历史的发展，人类、社会和语言三者之间逐渐形成了相辅相成、相互依存的紧密关系。

人类是决定人类社会和人类语言存在的根本、必要因素。语言则随着社会的产生而产生，依附于社会存在而存在，更伴随社会的发展而发展。在茹毛饮血的原始社会，原始人类随着原始社会的进步而创造了属于这个社会的简单语言，并形成了原始部落。每个部落有每个部落的语言，虽没有形成当今完整丰富的语言样态，但部落的交际、狩猎、迁徙和扩张等都离不开语言。以汉语为例，从古代汉语到现代汉语的变化就和汉民族社会生活的变化息息相关。比如，汉民族历史上畜牧业相对发达的时期，汉语中关于畜牧业的专用词汇就比较丰富，描述牲畜的名称也更加细致和复杂，这当然是为了适应畜牧社会交际的需要；同样，现代社会很多语言现象也是社会变迁在语言系统中的反映。语言依附的社会消失了，语言也会随之消失，如我国的鲜卑语，在鲜卑人逐渐消失后，也逐渐消失了。

社会也离不开语言。人类社会从产生时，就将语言作为存在的必要条件，人类在社会中的共同生活要靠语言来联系与协调，社会的生产、劳作要依靠语言来组织和协作，社会的文化要靠语言来讲述和传播，社会的历史要靠语言来记录和书写。可以说，社会生活的方方面面一刻也离不开语言。否则，社会运行就会紊乱，甚至会出现"让你往东你往西"的反向运行。社会秩序的良性运行及最终效果很难达到，最终只能停止生产，人类社会的关系也无法继续正常维系下去。

2.语言为社会服务

作为一种基本的社会现象，语言是为社会服务的，它的产生是为了更好适应全体社会成员社会交际的目的。对社会成员的服务度越高，相应的语言要素就越活跃；反之，语言要素的活性就会逐渐降低乃至消亡。这一点在词汇系统里体现得更为明显。

以"火车"为例，虽然这个词沿用至今，"火车"主体已不再是依靠煤燃烧前进的交通工具，但"火车"这个词仍然在社会生活中有着非常高的使用率。"乘火车""买火车票""上火车"依旧是老百姓耳熟能详的高频词，具有很高的辨识度，印证了语言为社会服务而产生的影响力。随着互联网的飞速发展，各种网络用语逐渐火热起来，越来越成为人们网络生活中不可缺少的一部分，有些网络用语甚至被应用在日常生活中，起到了生活"润滑剂"的作用。

当然，有些词汇也随着社会的飞速发展而逐渐淡出人们的视线，如磁带、软盘、影碟机等；而手机、电脑、U盘等也都是20世纪七八十年代人们所不能想象的词语。因此，社会上出现一种全新的事物，就会出现一种新的对应词汇，这也印证了语言的社会服务功能：社会是什么样子，语言就会是什么样子。

3.语言受社会的制约

就人类发展而言，对语言的掌握是人类先天的生存和社交条件。然而，对于个体来说，能否准确掌握语言？如何准确掌握语言？如何判断语言用语是否准确？除了遵守语言系统自身的规则，这些方面都要受到社会的制约。因此，虽然人类发明了语言，但是如何准确而有效地掌握和运用语言是一个不可回避的社会问题。语言系统要良性发展，言语交际要更好发挥社会功能，都必须接受社会的制度规约和文化规约。

如果某个语言个体脱离社会，其语言也必然与社会脱节甚至格格不入，此个体会彻底丧失语言交际的能力和功能，这就是语言要受社会制约的基本表现。就好比一个小孩出生在法国，后来同家人来到中国定居，那么会说流利的法语的他在汉语社区将无法顺畅地与人交流。1920年，印度加尔各答米德纳波尔"狼孩"的故事也说明，一旦脱离人类社会，语言及各种行为都会与人类社会完全脱节，即使再度回归人类社会，短时间内也无法与人类社会相融。

4. 语言交际是集体性的社会活动

语言存在的意义本身即为社会交际的手段之一。语言交际是为了满足社会交际需要而存在的，它是建立在说者与听者之间的活动，这种活动又具有集体性，所以说，语言交际是集体性的社会活动。

语言交际是一个过程，包括想说—说出—传送—接受—完成。这个过程不仅仅有心理因素、生理因素等方面的表现，更重要的是社会因素的表现。没有社会因素作为基础和约束，语言交际将变得难以理解，会出现"对牛弹琴""秀才遇到兵，有理说不清"的现象。例如，清代李汝珍所作《镜花缘》中，林之洋几人来到淑士国喝酒，结果店家给了醋，他们想让店家换掉，被邻桌的一位腐儒拦下，他的也是醋，接下来他就这件事进行了一番长论。他说："今以酒醋论之，酒价贱之，醋价贵之。因何贱之？为甚贵之？其所分之，在其味之。酒味淡之，故而贱之；醋味厚之，所以贵之。人皆买之，谁不知之。他今错之，必无心之。先生得之，乐何如之！——第既饮之，不该言之。不独言之，而谓误之。他若闻之，岂无语之？苟如语之，价必增之。先生增之，乃自讨之；你自增之，谁来管之。但你饮之，即我饮之；饮既类之，增应同之。向你讨之，必我讨之；你既增之，我安免之？苟亦增之，岂非累之？既要累之，你替与之。你不与之，他安肯之？既不肯之，必寻我。我纵辨之，他岂听之？他不听之，势必闹之。倘闹急之，我惟跑之；——跑之，跑之，看你怎么了之！"①

腐儒其实就是想要告诉林之洋等人，酒便宜，醋贵，店家给了你们

---

① 李汝珍. 镜花缘[M]. 北京：国际文化出版公司，2019：125.

醋，你们其实占了便宜，如果声张，店家肯定涨价，你们之间就会起纠纷，他还得找我们这些有醋的要钱，结果我就只能跑了。但是这位腐儒通篇废话就为了讲醋比酒贵，不要声张，令听者发笑。这就是一个典型的没有将语言交际结合社会因素进行传达的例子。按当时的语境几句话就可以交代清楚，腐儒反而长篇大论"之"字说个不停，影响了正常的语言交际，所以林之洋只得说"随你讲去，俺也不懂"。

由此可见，语言交际是集体性的社会活动，想要在集体性社会活动中进行顺利的交际，就要掌握和使用集体都能明白的语言，俗话讲就是"说人话""说白话"。如果讲的话不能通俗易懂，那相当于白讲。

（二）语言的全民性

1. 语言为全民创造和使用

语言作为社会交际工具，是由全民创造的，又在全民中发展并得以完善，全民创造，全民共有。在交际过程中，人们又不断补充一些新的语言成分，使语言明确而新颖。例如，"老鼠""老虎""老鹰"就是将"老"字补充到"鼠""虎""鹰"之中，从而产生了明确而新颖的语言，继而被全民共有，只要提到老鼠、老虎、老鹰，人们自然会想到说的是鼠、虎和鹰三种动物。

全民创造语言的目的是适应社会的交际交流需要，所以语言被全民所使用。语言通过使用，产生社会交际的效果；而语言一旦不被全民所使用，语言就会消亡。

2. 语言为全民服务

语言被全民创造、被全民使用，所以也在为全民服务。某个时代、某个阶级，甚至某个人，只要使用语言，语言就可以为使用者的交际提供服务。因此，语言没有任何阶级性，它一视同仁地为社会各个成员服务，而社会各阶层或社会各群体在语言使用上的差异会造成语言在使用上的不同特点。当使用者进行完整的语言表达时，语言也就对其提供完整的回馈；而使用者不进行语言表达时，语言也就不会出现，语言为全民服务，但如果全民离开了语言，语言也就起不到它应有的作用了。

第二节 语言与思维的关系

语言，这个人类的交际工具与思维具有内在关联，故而语言是人类最为重要的思维工具，其必然会对人类的思维方式和思想内容产生影响。在人类的文明发展历史中，思维和语言两者相互依存、相互促进，思维的发展推动了语言的发展，语言的发展又促进了思维的发展。而先有语言还是先有思维的争论持续已久。

本节通过阐释对语言和思维的争论，论证语言与思维之间具有的相互作用、相互影响的关系。

一、语言与思维溯源

就语言与思维而言，德国思想家、政治学家卡尔·马克思认为"语言是思想的直接现实"[①]。通俗地讲，语言是人类重要的交际工具被使用至今，它是自人类诞生以来人类思维的最基本体现，也是人类区别于动物而立足社会的重要标志。语言是话语的直接展示，由语音、词汇、语法等重要因素构成。在自古延续至今的人类社会中，语言不仅是人类之间交际的重要符号，还是人类之间交际成功的必备因素。

语言与思维息息相关，语言的出现代表着人类开始能够直接表达内心所想。例如：

[①] 马克思恩格斯全集：第3卷[M]. 中共中央马克思恩格斯列宁斯大林著作编译局，译. 北京：人民出版社，1960：525.

第一章　语言与思维

　　清晨，两个人在街上相遇，其中一个人问："您起得可真早啊，这是要去哪啊？"
　　另一人回答："是啊，今天起得早，去街上买早点。"

这个对话就是对内心所想的直接表达，是"语言是思想的直接现实"的直观逻辑表述。这种街头巷尾的一问一答通过语言传达了说话者的内心所想，也形成了最直接的社交现实。这是社交通过语言达成的最直接方式。语言是一个复杂的、抽象的系统，人们可以凭借对语言规则的掌握，演化出或简单或复杂的句式，来直观地表达或简单或复杂的思想。人类社会的语言交际形态也就随之而来。但是语言与思维之间到底存在着什么样的关系，这一直是各方学者争论的焦点。

二、语言与思维之争

　　语言与思维的关系一直是哲学界、语言学界、认知科学领域反复探讨的话题，就像常常被谈起的"先有鸡还是先有蛋"的问题一样，至今仍是一个争论的焦点。而争议点不外乎四个方面：语言和思维是同时出现的？还是有先有后？是语言影响思维？还是思维影响语言？古希腊时期哲学家柏拉图指出思维就是灵魂的自我谈话，即思维和语言是同一事物，语言是有声的思维，而思维是无声的语言，可以概括为语言与思维的"等同论"。这一观点得到了语言学界的广泛认可。因此，结论是没有语言的思维和没有思维的语言都是不存在的。而柏拉图的弟子亚里士多德认为"口语是内心经验的符号，文字是口语的符号""语言只是内心经验的符号"[①]。

　　恩格斯明确指出："语言是从劳动中并和劳动一起产生出来的，这个

---

① 苗力田. 亚里士多德全集：第一卷[M]. 北京：中国人民大学出版社，1990：128.

解释是唯一正确的。"① 因此，从劳动中创造语言成了证明语言是在思维之后产生的原理。坚持思维先于语言论的学者开始根据这一原理认为思维与语言在实际产生过程中存在先后顺序，不是同时产生的，可相互分离和独立存在。这一"分离论"观点的产生打破了柏拉图的"等同论"之说。

因此，语言与思维之争就演化成了等同论与分离论的争论，也就是语言决定思维还是思维决定语言的争论。

美国语言学家萨丕尔长期研究语言学和人类文化学的有关问题，于1921年出版了《语言论》，提出了"语言影响人类关于现实世界概念系统的形成"的设想。经他的弟子沃尔夫的发展，萨丕尔—沃尔夫假说形成。这一假说认为在不同文化下，不同语言所具有的结构、意义和使用等方面的差异会在很大程度上影响使用者的思维方式，即"语言决定思维"。但是由于种种原因，各国学者对萨丕尔—沃尔夫假说存在多种理解。

而"思维决定语言"的论调以瑞士儿童心理学家让·皮亚杰为代表。他认为语言具有人类的共同特征，是由于思维的语言具有的共同性来决定的，人的思维能力在发生和发展方面都早于使用语言的能力。②

经过古希腊先哲和西方思想家的讨论，这个问题仍然如"先有鸡还是先有蛋"的争论一样，直至今日都没有定论。但不可否认的一点是，如果真的尝试把思维与语言完全剥离，那么两者之间的相互作用就会不复存在。

---

① 马克思恩格斯选集：第3卷[M]. 中共中央马克思恩格斯列宁斯大林著作编译局，编译. 北京：人民出版社，2012：991.
② 周利君. 儿童英语阅读能力与思维技能双发展实验研究[M]. 重庆：重庆大学出版社，2021：18.

三、语言与思维相互作用

语言与思维的关系一直备受多个领域学者的关注。随着全球化的不断深入发展，使用不同语言的国家和地区间进行交流的机会越来越多。随着科技水平的提高，理论研究日趋完善，语言学于20世纪得到了长足的发展，衍生出包括句法、语义等众多的分支和专业，并在此基础上，又出现了社会语言学、心理语言学等各类研究领域，语言学的发展进入了崭新的阶段。20世纪中后期，各领域专家都十分重视语言与思维两个要素之间的关系，对语言与思维的关系的研究因此更加深入。

如大众所知，语言和思维的关系错综复杂，且一直没有统一的答案。

（一）语言不能决定思维

在人们的认知中，世界是客观存在的，人类对宇宙的看法几经变化，但这些变化都不是语言原因引起的，科学思想的传播也不受语言限制的束缚。也就是说，如果没有现在的语言，人类一样可以创造出不同的语言形式。所以语言不能决定思维，不同语言可以表达相同的思想，对思维起决定作用的是客观事物本身，而不是语言本身。

虽然语言不能决定思维，但是语言可以对思维进行暗示与诱导。例如，当一些冒险者遭遇恶劣环境无法通过语言和行为来判断方位时，他们可以通过太阳、树木、年轮、北极星等方式来轻易地判断出东南西北，这个过程其实就是语言在对思维进行暗示和诱导的表现。

（二）语言能决定思维

另一种观点认为语言是可以影响思维的。在日常对话中，通过语言，双方就能进行思想和信息的传递，而且可能用一些语气词将要传递的思想和信息清晰化和重要化。人们在交际过程中，通过语言可以使获取的概念在思维中加以巩固，特定的语言在思维中印象更加深刻。

就像广告、文学、网络语言一样，它们都在用语言影响着人类的思维，以达到宣传的目的。类似的还有各种标语，它们简短有力，能够使所表达的鲜明的思想深刻地进入人们的潜意识中，从而达到某一个方面宣传的效果。例如：

2022年北京冬奥会、冬残奥会的中文主题口号是"一起向未来"。

口号仅五个汉字，却能从中国宣传遍全世界。它简单、灵巧，充满了未来时代感，是中国向世界发出的诚挚邀约，传递出14亿中国人民的美好期待：在奥林匹克精神的感召下，与世界人民携手共进、守望相助、共创美好未来。此口号在全世界得到了广泛传播，当看到口号时，人们就能想到冬奥会、冬残奥会，能想到"冰墩墩"和"雪容融"，能想到鸟巢和冰丝带……这是语言决定思维的典型案例。

（三）语言与思维可独立存在

恩格斯明确指出，语言是从劳动中并和劳动一起产生出来的，这个解释是唯一正确的。[1] 根据恩格斯的话可以推断出，语言是和劳动同时产生的，但人类是在产生劳动的思维时才会去劳动，因而这句话可以解释为人类的思维是在语言被创造出来之前就存在的，即语言与思维可独立存在。坚持这一观点的人们认为语言和思维可独立存在，其体现在人类的婴儿时期，即前语言阶段。这时的婴儿除了哭闹，无法形成实际的话语表达，无法将自己的思维通过语言进行有效传达，因而他们的语言和思维可独立存在。一些人甚至由婴儿的前语言阶段联想到了远古时期的人类，认为远古人类的思维也是无法通过语言进行具体表达的，体现为

---

[1] 马克思恩格斯选集：第3卷[M]. 中共中央马克思恩格斯列宁斯大林著作编译局，编译. 北京：人民出版社，2012：991.

一种本能的生存方式和狩猎方式,这时的人类与前语言阶段的婴儿无异。

(四)语言和思维不可独立存在

对于思维和语言,马克思与恩格斯指出"(语言与思维)具有同样长久的历史"[①]。这句话可理解成语言和思维是同时产生的,同属人类社会的产物。由于在逻辑学中,所有命题和推理都是借助语言载体表达出来的,所以逻辑学理论认为,思维必须依托语言,两者相互脱离,没有语言这个媒介作为基础的话,就无法产生逻辑学所必备的思维研究,也就不会有感性思维与理性思维可言了。

有些人针对婴儿的语言和思维可独立存在的观点提出了不同的看法,他们认为婴儿的思维也是建立在语言的基础上,只是婴儿的发音器官还不完善,无法使用话语进行完全表达,但是婴儿的思维已经通过肢体乱动与咿咿呀呀的叫喊和哭闹行为表现出来,这些行为就是婴儿的语言。婴儿的父母可以通过这些"语言"解读出婴儿想要表达的意思。如果婴儿饿了却没有任何行为,只是躺着不哭也不闹、不动也不叫,其父母就不可能猜测出婴儿的想法。

四、语言与思维相互影响

在人类复杂的历史进程中,语言与思维的关系不仅是富有争议的语言学问题,还是十分复杂的哲学问题,语言学家和哲学家也从不同的学科角度提出了不同的看法。不管是古希腊哲学家柏拉图的语言与思维"等同论",还是一些学者借恩格斯提出的"语言是从劳动中并和劳动一起产生出来的"创造的"分离论",持两种不同观点的学者们在进行争论的过程中,都将争论的焦点放在了是先有语言还是先有思维上面,但从不否认语言与思维之间存在关系、相互影响。

---

① 马克思恩格斯选集:第1卷[M]. 中共中央马克思恩格斯列宁斯大林著作编译局,编译. 北京:人民出版社,1972:35.

语言与思维之间的关系也构成了语言与思维对彼此的影响。在漫漫的历史长河中，人类社会的语言与人类自身的思维相互作用、相互影响。语言的学习和掌握对思维起到了展示的作用，而思维的展示对语言起到了推动的作用，语言本身的概括性成为展示思维的工具。

语言是思维的工具，因而语言同思维有着密切的关系。思维的物质外壳就是语言，语言的概括性有助于思维的表达，即思维中想传递出来的部分可以借着口语或者书面语表达出来。因此，诸如形象思维、动作思维、抽象思维等不同类别的思维都是需要语言来参与进行对外传递的。

也就是说，思维通过语言来进行传达和交流，语言是思维的主要表现形式。这正是语言和思维相互作用的表现，所以语言与思维是相互作用、密不可分的。它们之间相互作用，即语言水平是提升思维水平的必要条件，而思维水平也是提升语言水平的必要条件。语言是思维的工具，思维是语言的表现。没有语言，人就无法进行理性和感性的逻辑思考；没有思维，语言就将是毫无章法和逻辑的话语。

综上所述，语言与思维相互关联、相互作用。人们进行语言学习时，需要借助思维促进其进一步发展；进行多语言学习时，多语言思维也随之产生，这点对于语言的掌握至关重要。在我国几千年的历史文化进程中，语言的博大精深令人敬仰，思维的飞速提升令人向往。因此，了解中国语言和中国思维之间的关系是外国人学习汉语的要点之一。

第三节 中国语言与中国思维

我国的文化讲究中庸之道，因而我国的语言也是遵循中庸之道的，这是我国这个拥有五千年文明史的古老国度的处世哲学和道德标准。中国人的思维与语言都体现出中庸，就像四书之一《中庸》提到的那样：

"喜怒哀乐之未发，谓之中；发而皆中节，谓之和。"

中国人的温文尔雅、中国语言的博大精深得到了其他国家的赞誉，吸引了外国人学习汉语和中华文化。本节从中国语言的概念出发，结合中国人独特思维的特点，对中国语言与中国思维进行详细阐释。

一、中国语言

（一）中国语言的定义

中国语言就是指中华人民共和国范围内各个民族所使用的语言。我国是一个多民族、多语言、多文字的国家，有56个民族，共有80种以上语言，约30种文字。2000年10月31日颁布的《中华人民共和国国家通用语言文字法》确定国家通用语言文字是普通话和规范汉字。汉语普通话也是世界主要语言之一，是联合国六种正式工作语言之一。汉语是我国使用人数最多的语言，也是世界上使用人数最多的语言。汉语因其文化特点和内涵被称为高语境语言。

1. 普通话

普通话是汉语的标准语，以北京语音为标准音、以北方话为基础方言、以典范的现代白话文著作为语法规范。近百年来，由于白话文学和官话的传播，其规范逐渐明确，影响日益扩大。除基础方言的材料外，普通话还吸收了其他方言以及古代汉语和其他民族语言中的成分，所以其表现力和社会功能比任何地方方言都更丰富、更完善。[1]

汉语不等同于普通话。普通话作为联合国工作语言之一，已成为中外文化交流的重要桥梁和外国人学习汉语的首选语言。

2. 方言

方言最早出自西汉扬雄的《輶轩使者绝代语释别国方言》一书，在

---

[1] 上海辞书出版社. 辞海[M]. 7版. 上海：上海辞书出版社，2019：3392.

不同的人群中指代不同。我国的"方言"实为"地方语言",是一个政治学概念,又称"白话""土话""土音",指的是区别于标准语(普通话)的某一地区的语言。而欧洲国家的方言是一个语言学概念,指的是18世纪后开始普遍称呼的位于"语言(language)"下一级的"方言",它根据语言之间的亲属关系(发音、词汇、语法)划分出语系、语族、语支和语言,方言位于语言下方。

在我国,不同的地域在文化与历史进程中会产生不同的声调和读音,这些不同的声调或者不同的读音也就构成了语言的特有语音,而地域化的读音就是人们所说的方言。方言分为地域方言和社会方言。

地域方言是同一语言在不同地域的分支,主要差别是语音,在语法、语汇也有所表现。汉语方言可分为七大方言区,即北方方言、吴方言、湘方言、客家方言、闽方言、粤方言、赣方言。社会方言是社会内部不同职业、阶层等方面的人在语言使用上表现出来的差异,如行业用语、科学技术术语、阶级方言都是常见的社会方言。地域方言与社会方言的异同,见表1-1。

表1-1 地域方言与社会方言的异同表

方言	相同之处	不同之处		
		范围	差别	发展趋势
地域方言	第一,都是语言分化的结果,是语言发展不平衡性的体现。第二,都没有全民性特点。第三,都要使用全民语言的材料构成。	以地区的分布确定范围,具有全民性。	表现在语言三要素,特别是语音的差别上。	在一定条件下可以发展成独立的语言,或可能在社会的高度融合下消失。
社会方言		按年龄、性别、职业、阶层等确定范围,没有全民性。	主要表现在词汇方面,即有一些特殊的词语。	没有自己的基本词汇、语音系统、语法结构,不能发展成为独立语言。

方言化的地名在读音上出现的差别最为明显。例如：

　　浙江台（tāi）州、河南荥（xíng）阳、安徽亳（bó）州、浙江丽（lí）水。

这四个地名，若不是在当地居住，一般人读不对它们的正确读音。而最能体现是方言读音而不是文字读音的就是北京前门外商业街大栅栏，发音读作"dà shí lànr"而不是"dà zhà lan"。

不光现在的地名，古代地名也有上述情况。例如：

　　阿房宫就读作"ē páng gōng"，而不是"ē fáng gōng"或者"ā fáng gōng"。

3. 汉字

文字是语言的具象表现形式。汉字是指记录汉语的文字。汉字是世界上古老的文字之一，已有六千年左右的历史。现存最古可识的是三千多年前殷商的甲骨文和稍后的金文。后代的汉字是从甲骨文、金文演变而来的，在形体上，逐渐由图形变为笔画，象形变为象征，复杂变为简单；在造字原则上，从表形、表意到形声；在读音上，除个别汉字外，都是一个字表示一个音节。几千年来，汉字在维护民族和国家的统一，记录和保存文化遗产等方面发挥了巨大作用，同时对周边地区和国家的文字也产生了巨大影响。现代汉字已实现部分简化，目前是中国各民族和国际社会通用的正式文字之一。

现代汉字包括繁体字和简体字。从仓颉造字的古老传说到商周时期甲骨文的出现，汉字的起源历来众说纷纭。其中，比较有影响力的说法有结绳说、八卦说、刻契说、仓颉造字说和图画说等。而对于汉字的数量，一直以来并没有准确数字说明，只能说将近十万个，但日常所使用的汉字只有几千字。据统计，1 000个常用字能覆盖约92%的书面资料，2 000字可覆盖98%以上，3 000字则已达99%，简体与繁体的统计结果相差不大。

4. 口语和书面语

口语是口头交际使用的语言，是最早被人类普遍应用的语言形式。口语通常是通过声音传播的。根据需要，文学作品中也常以文字的具象形式来记叙各种人物的口语表达。口语灵活多变，多因场合与发言者不同而被自由使用。它不仅不影响听者理解，还能更生动地呈现发言者心态，或使语言简洁化。汉语口语其实是很简单的语言，不存在固定的语法和规则。例如：

"凌晨那场球赛看了吗？比赛结果怎么样？"
"看了，主队大胜客队。"
换一种回答方式，则：
"凌晨那场球赛看了吗？比赛结果怎么样？"
"看了，主队大败客队。"

两种表述都是主队大胜客队的意思，听话的一方在听到这样的表述也能明白比赛的结果。但刚刚接触汉语学习的外国人对于这种表述就会有些费解，难道win（胜利）和lose（失败）在同一语境下都能表示胜利？而这正是中国语言的独特魅力。

书面语是在口语的基础上发展出来的用于书面表达的语言。口语成为书面语后则比较固定，语法更严谨，有利于语言的准确流传。汉语的书面语分为简单和复杂两种。从词义上理解，简单的书面语应该是现代汉语；而复杂书面语应该是古汉语，也就是文言文。但我国翻译家辜鸿铭不认为这种简单的分类是令人满意的说法，因而他将汉语书面语分为简单欠修辞的汉语、通行的汉语、高度优雅的汉语三类。[①] 这种分类的标准正是源于汉语的语境和语义从简到繁的变化，相比简单和复杂的分类而言，更能体现出汉语作为高语境语言的特殊性。辜鸿铭以唐代陈陶的《陇西行四首（其二）》为例：

> 誓扫匈奴不顾身，五千貂锦丧胡尘。
> 可怜无定河边骨，犹是春闺梦里人。

辜鸿铭认为这首诗仅用二十八个字，就描写出了古代将士们为了保护边塞不受匈奴侵犯而战死沙场的精神，如果用英语去翻译，是翻译不出这种清晰简约的字句和形式的，也翻译不出如此深邃的思想和饱满的感情。

从辜鸿铭的举例中不难看出，汉语书面语的难易并不取决于它的形式的复杂与简单，而在于它的深奥。就像鲁迅的文章一样，用简单的语句表达了深邃的感情，既有一语双关之意又富有深奥的思想。例如，鲁迅在散文集《野草》中《秋夜》的开头写道："在我的后园，可以看见墙外有两株树，一株是枣树，还有一株也是枣树。"这句话看似啰唆，写了两株一样的树，但其实反映了作者内心的孤寂和无奈。

我国语言口语和书面语的区别表现为语法结构、载体、表达场合和表达方式、词汇特征四个方面，见表1-2。

[①] 辜鸿铭. 辜鸿铭讲国学[M]. 北京：团结出版社，2019：106.

高语境语言中的逻辑学运用

表 1-2 口语与书面语的区别

中国语言	语法结构	载 体	表达场合和表达方式	词汇特征
口语	语法随意,用词通俗,句子简短,结构松散。	以语音为载体的语言形式。	表达通常较为灵活,交际双方可根据音量、重音、语速等来传达不同的信息,说话者还可以借助表情和手势等方式来对语言进行补充。同时,伴随有省略、重复、停顿等特征。	经常使用非正式用词或者带有明显口语色彩的词语,如习惯用语和俚语。
书面语	语法严格,用词文雅,句子较长,结构严谨。	以文字为载体的语言形式。	表达摆脱了时间和空间的限制,不依赖于音质、表情、手势等副语言,有更高的独立性。同时,由于作者有足够的时间进行构思修改,因而会更加准确、严密和完整。	用词更加正式,形成书面化语言。

在表述过程中,始终有些口语表述会很难应用于书面,原因是它们缺乏既定标准,甚至连对应字词都没有,仅仅存在既定发音。由于口语结构相对散乱,又缺乏语言环境,可能在表达上造成歧义,因而越正式的场合,人们越喜欢使用书面化的语言。

中国语言历史悠久、博大精深,吸引了大量外国人前来学习。但在学习过程中,他们往往会反映中国语言非常难学。就汉语口语学习来看,外国人能够较为容易地说出极像的发音,甚至于说出简单的语句;但在书面语学习上,他们遇到的困难就比较多了。深入学习对于他们来说很难。中国语言的难与不难,究其原因,是受到了中国思维的影响。

(二)中国语言的分类

我国有 56 个民族,语言种类繁多,据不完全统计,有 130 余种语言。① 我国 56 个民族的语言分别属于五大语系，即汉藏语系、阿尔泰语系、南岛语系、南亚语系、印欧语系，如图 1-4 所示。

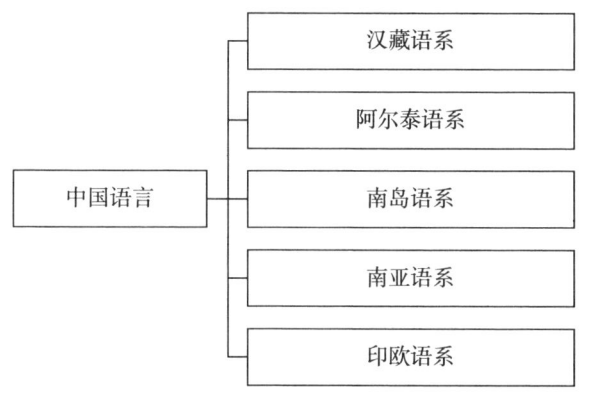

图 1-4 中国语言语系分类

学术界各语言学家对我国语言的分类，从 1937 年李方桂发表的《中国的语言与方言》，到 1951 年罗常培发表在《人民日报》的文章《国内少数民族的语言系属和文字情况》，再到 1954 年罗常培与傅懋勣联名发表的《国内少数民族语言文字的概况》，一直是一脉相承，被广大学者所认可的。其中，李方桂提出的分类法是吸收了国内外学术界的研究成果，而从我国实际出发作出的一种理论概括。罗常培在他的文章中提出了将我国语言划分为 3 系 7 族 19 支 44 种语言的分类框架，这个框架一直被我国语言学界所沿用，已经成为对我国少数民族语言谱系分类研究具有深远意义的纲领性文献。

二、中国思维

中国思维也称中国式思维，是指中国人在传统文化熏陶下形成的定向思维方式。中国思维最显著的特征之一就是注重整体统一，它从整体

---

① 教育部. 语言文字[EB/OL]. (2011-10-31) [2024-06-27]. https://www.gov.cn/guoqing/2011-10/31/content_2615212.htm.

原则出发，强调事物的相互联系和整体功能，即注重"天人合一"。① 这种思维使人们从整体上和全局上把握客体，对于保持人类的生态平衡，促进社会的协调稳定具有十分重要的意义。

正因为注重"天人合一"，大多数人认为中国思维是道法的思维，即老子的"有无相生，难易相成，长短相形，高下相倾"② 和"祸兮，福之所倚；福兮，祸之所伏"③。

中国思维包括形象思维、综合性思维、本体性思维和顺向思维，如图 1-5 所示。

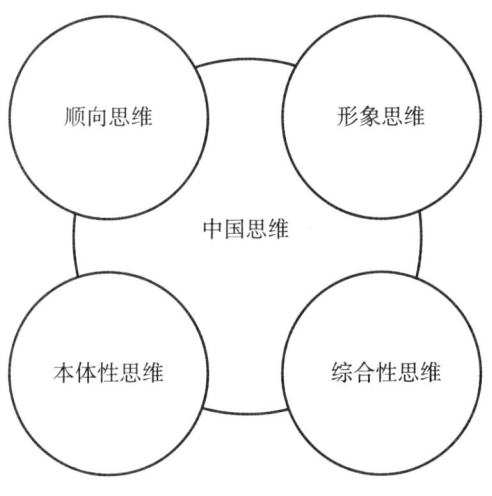

图 1-5 中国思维构成

（一）形象思维

形象思维是以直观形象和表象为支柱的思维。在五千年历史文明的长河中，中国人很擅长运用形象思维，将抽象的概念以具象的方式表述出来，如作家笔下人物的塑造、画家笔下图画的创作、音乐家笔下五线

---

① 欧阳娟. 对中国传统思维方式的反思[M]//《专家学者论坛》编委会. 专家学者论坛 2007：第1卷. 南宁：广西科学技术出版社，2007：40-42，39.
② 老子. 道德经[M]. 杨广恩，注译. 北京：民主与建设出版社，2017：20.
③ 老子. 道德经[M]. 杨广恩，注译. 北京：民主与建设出版社，2017：257.

谱的形成都离不开形象思维的运用。形象思维运用的特点可根据人类的成长形态分为三个阶段。

第一阶段即学龄前儿童阶段，这个阶段的形象思维能反映出事物的表象，但不会显示出事物的本质特点。比如，画一个水杯，学龄前儿童就是用一种弯弯曲曲的线条和大面积的颜色描绘出简单的形象，也就是说这个水杯在学龄前儿童的描绘下，只有大概形象而无具体内容。

第二个阶段是成人阶段，这个阶段的形象思维是在接触过大量事物的基础上，对事物的表象进行加工，从而产生更具象的形态。比如，画一个水杯，成年人会细致刻画杯子的形状、颜色，甚至会画出杯子的周边环境。

第三个阶段即艺术创作阶段，这个阶段的形象思维不光能对事物进行具象表现，还能通过大量的分析、综合、概括，运用艺术视角与思想，表达出事物更为深刻的本质特征，使事物看起来更有形象说服力。比如，画一个水杯，画家不仅会细致描绘杯子的形状和颜色，还会根据光线的角度体现杯子的暗部与亮部，甚至将环境事物投射到杯子上的形状和颜色进行深度刻画，最终呈现出一个写实风格的水杯。

在中国语言中，这种形象思维体现在口语与书面语中，如之前提到的鲁迅关于两棵枣树的描写，在念这两句描写的过程中，读者就能形象地感受到另一棵枣树的不同，继而深入地理解如此描写是要体现何种意义。这就是有效地运用形象思维，直观展示事物表象的典型例子。

（二）综合性思维

综合性思维又称整体思维，中国人十分注重综合性思维，综合性思维也深深影响着中国人的思维方式。综合性思维有助于人将各种分散的事物综合在一起，形成正确的逻辑。例如，妈妈认为孩子的屋子十分凌乱，限定孩子在十五分钟之内收拾整齐，那么这个孩子就要做到在对每个物品进行视觉定位的基础上，判定它们应该放置的正确位置：剪刀放到抽屉里，书放到书橱里，篮球放到角落里，垃圾放到垃圾桶里……这种整理方式可以做到物归其所，最后再扫一遍地，任务就完成了，也会受到妈妈的表扬。反之，如果这个孩子先扫地，然后将剪刀放到书上，书放到角落里，篮球放到垃圾桶里，垃圾放到书橱里，这种归类必然会遭到妈妈的一顿训斥。这就是综合思维的正确运用与不正确运用的区别。

由上面的例子可以看出，综合性思维就是一种在对待各项事物时，都会先从总体中将具体问题抽离，然后逐个研究、逐个击破，侧重于分析的思维方式。这就是近年来，中国语言与中国思维在国际上被广为称赞的原因。

（三）本体性思维

中国思维往往具有一定的主体性，是以人为中心的思维，在这种思维模式下，任何事物的改变都是随着这种思维的改变而改变的。这种本体性思维在中国语言中有明显体现。比如，"我就要下着雨去跑步""我就想今天晚上吃到那块蛋糕"。而在古代汉语中，这种思维的表述更带有强烈的感情色彩。例如，唐代诗人李白所作《将进酒》"天生我材必有用，千金散尽还复来"，明朝画家、诗人唐寅所作《把酒对月歌》"我也不登天子船，我也不上长安眠"都体现了作者强烈的感情，读者读到此处，会将思维随着作者融于一处，替作者感慨。这就是本体性思维的体现。

（四）顺向思维

顺向思维是指常规的、传统的思维方式，指人们按照传统的从上到下、从小到大、从左到右、从前到后、从低到高等常规的序列方向进行思考的方法。中国语言习惯于顺向思维，这点从年、月、日，时、分、秒的顺序中可以看出，因而中国人在使用语言进行表达时常常会按从过去到现在、从前到后一类的顺序，在描述方位时常常使用的顺序是东南西北或者东西南北。例如,汉乐府诗《江南》中的"鱼戏莲叶东,鱼戏莲叶西,鱼戏莲叶南,鱼戏莲叶北"表现了鱼在莲叶间游戏的生动场景。如果将东南西北换个位置,如"鱼戏莲叶西,鱼戏莲叶南,鱼戏莲叶北,鱼戏莲叶东",念起来虽通顺,但是在中国语言的顺向思维中,就显得非常别扭,也难以即时在头脑中描绘出那种鱼儿在水中愉快游戏的场景。

总而言之,这四个方面的思维方式构成了"天人合一"的中国思维,它与中国语言相辅相成、相互作用。思维的规律是逻辑,是对思维过程的抽象表达,因而也可以说逻辑是思维的基础,思维又是超越逻辑的存在,而语言是思维的具象表达,由此可得语言与逻辑的关系也可看作相互影响的关系。语言也是逻辑思维表达能力的必要前提,而在不同的语言环境中,又会有不同的逻辑表达。

第二章　高语境文化与逻辑表述

语言与思维表达相互关联，世界各国根据语境文化被划分为高语境文化和低语境文化。高语境文化与低语境文化并不相同，但随着国家与国家、文化与文化的交融和语言的频繁接触，两种文化和两种语言在理论、思想、逻辑表达方式等方面都有长足的发展。

本章在高语境文化与逻辑表达的基础上，探究中国文化的逻辑理论与思想、中国语境下的逻辑学认知。

第一节 高语境文化概述

高语境文化与低语境文化概念的提出改变了人类长久以来对于语言文化的认识。这两种概念是上升到语境的高度去看语言和思维的变化与联系。其中，高语境文化的价值观和行为准则相对来说较为稳定，人与人之间的沟通也是点到为止、言简意赅，强调的是心领神会。本节从高语境文化入手，通过对高语境文化的内涵、高语境文化与低语境文化的差异进行分析，帮助读者了解高语境文化。

一、高语境文化的内涵

（一）语境与语境文化

语境是指语言环境，它包括语言因素。语境的概念最早是由波兰人类学家马林诺夫斯基于1923年提出的，他将语境分为两类，即"情景语境"和"文化语境"。情景语境是指在语言行为发生时说话人所处的环境、事件的本质、参与者的关系、地点、方式等；文化语境是指语言使用者所属的特殊的语言团体，以及语言团体中长期形成的历史、风俗、价值标准和思考模式等。

而语境文化是指说话人所在的语言团体的文化背景与社会距离，是使用语言的环境中的文化，包括一切主客观因素。

(二) 高语境文化概念的发展

美国人类学家爱德华·霍尔确立了高语境文化与低语境文化的概念，他认为在高语境中的交流，大部分信息或存于物质语境中，或内化在个人身上，而少数处在清晰、被传递的编码讯息中；低语境传播正好相反，即将大量的信息置于清晰的编码中。[①] 在他看来，任何事物均可被赋予高、中、低语境的特征，高语境事物具有预先编排信息的特色，编排的信息处于接收者手里及背景中，仅有微小部分存于传递的信息中；低语境事物恰好相反，大部分信息必须处在传递的信息中，以便补充在语境中丢失的部分。[②] 在高语境文化中，正在交际的双方的言语和行为意义，以及说话者所处的语境是重点，往往高于内容的存在；而在低语境文化中，人们强调的往往是谈话双方交谈的内容，而非当时的语境。

美国跨文化传播研究学者威廉·古迪昆斯特根据霍尔的理论，将12个不同文化背景的国家按高语境到低语境的顺序排列为中国、日本、阿拉伯、希腊、西班牙、意大利、英国、法国、美国、斯堪的纳维亚、德国、瑞士。从这个排列顺序不难看出，拥有五千年灿烂文明史的中国属于典型的高语境国家。我国是农业生产大国，历经千年的文明发展，民众普遍安土重迁，邻里之间通过几代人的传承而联系密切、相互熟知，并由此形成村落、城市甚至社会。中国人有着长期的、共同的生活经历与背景，因而逐渐形成重视语境而非内容的高语境文化。而工业化的欧美国家在发展过程中，人口迁徙量大，加之强调对个人隐私的保护，人与人之间没有长期共同的生活经历和背景，因而逐渐形成重视语言内容

---

① 霍尔. 超越文化[M]. 居延安，等译. 上海：上海文化出版社，1988：86.
② 霍尔. 超越文化[M]. 居延安，等译. 上海：上海文化出版社，1988：96.

而淡化语境的低语境文化。正如前文霍尔所说,所谓低语境是指一切都需要用语言讲清楚,也就是说双方并没有分享一个共同的语境;所谓高语境是指许多意思都包括在语境之中,不需要每一点都明白无误地讲出来。例如:

两个外国人对话,一人问:"How are you?"(你好吗?)
另一人回答:"Fine."(很好。)

那么这个问话的人一定认为回答的人的感觉是好的,原因是低语境文化的交流过程更重视内容而非语境。可如果这个对话放到高语境文化中,就会成为需要揣摩和猜测意图的对话。例如:

"你好吗?"
"很好!"

旁观者需要依赖语境去分析这个对话中回答者说的"好"究竟是好还是不好,因而在高语境中的交流更重视语境而非内容。又如:

"您好女士,可以请您跳一支舞吗?"
"不好意思,让我考虑一下。"

这时,邀请者就会明白这位女士对于一起跳舞不是很愿意,然后就会根据当下的语境和女士的面部表情或者肢体语言去分析是否有进一步邀请的必要。若看得出来女士的确是不打算共舞,那邀请者会礼貌地退出,避免再次邀请导致双方尴尬。

因此,在高语境文化的语言表达中,人们有时候不会把话讲得十分明白和透彻，而是通过简单的语言去表达出一种委婉的态度，这也就是俗话讲的"留面子""留后路""不把话说死"。在高语境文化中，不论是谈话的显性内容，还是隐性内容，都包含在语境中，对话双方不需要细致地讲明白每一句话，只需对语境进行简单的分析和判断，就能做到对谈话内容了解。

（三）高语境文化的特征

高语境文化特征包括内隐、含蓄，暗码信息，较多的非言语编码，反应很少外露，圈内外有别，人际关系紧密，高承诺，时间处理高度灵活。

高语境的交际意味着大多数信息要么存储在物质语境中，要么内在化在个体中，很少存在于编码清晰的被传递的信息中。低语境的交际则恰恰相反。因此，在与陌生人交谈时，高语境文化的人比低语境文化的人更为谨慎和委婉。此外，由于处于高语境文化中的人往往是同质的，因而在高语境文化中的人们比在低语境文化中更容易推测陌生人的文化背景。高语境文化中的人们在交际过程中，十分注重社会信任的建立，信任是人们履行协议的基础，协议通常以书面形式确定；同时，还重视关系的建立并会将此长期保持下去。在高语境文化中，交流是隐性的，人们对隐性信息非常敏感，从小就学会了准确解释这些隐性信息。

高语境文化是由其悠久的历史文化孕育的，对语境的解读能力在高语境的社会发展和文化传承中发挥了重要作用。高语境文化中的语言对于低语境文化的人们来说是较难掌握的，除了是由于高语境文化有着悠久的历史、底蕴深厚的文化，还由于高语境文化与低语境文化之间存在差异。

二、高语境文化与低语境文化之间的差异与交流

(一) 不同语境文化间的差异

不同语境文化之间的差异主要体现在语言表达、风俗习惯、价值观、写作习惯、逻辑思维五个方面，如图 2-1 所示。

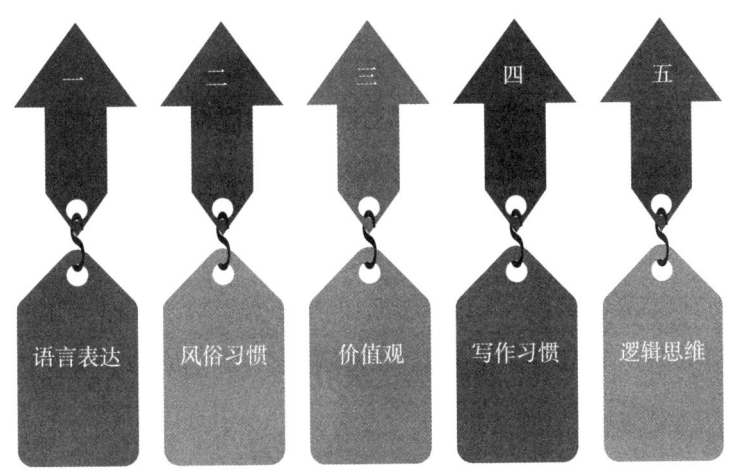

图 2-1　语境文化间差异表现示意图

1. 语言表达

(1) 表达方式方面。高语境文化主要依靠语境来传递信息，双方在交往、交流过程中，都会各自进入一种语境中去进行表达，且对语境的依赖度很高，表达方式间接含蓄，善于根据语境去揣摩和揣测对方的想法。而低语境文化主要依靠信息编码来传递信息，双方在交际、交流过程中，较为注重交流的内容与表达逻辑，对语境的依赖度很低，表达方式直接，不善于根据语境去揣摩和揣测对方的想法。

高语境文化的语言表达不喜欢直率地表达思想和观点，较多地考虑对方的感受，避免双方产生尴尬，因而往往会采取不同的交流方式来完成交流。而低语境文化的语言常常直率地表达个人思想和观点，并不注重对方的感受。

前些年，在中国国内播出的一系列宫斗剧里面常常出现含蓄婉转的对话。国人对于这些对话所表达的意思可以很快理解，并在日常生活中引用与发挥，效果往往恰到好处。凭借着优秀的剧情、服化道、演员演技，随着剧集的热播和口碑的传颂，一些宫斗剧开始走出国门，进入北美国家的电视台播出，虽在剧情上进行了大刀阔斧的删减，尽力消除语言文化存在的差异，但是播出后，北美国家的一些人对于剧集对白里面的语言表达方式和委婉的对话表示难懂，这其实也就是低语境文化的人们注重内容而不注重语境的表现，面对同一句话，有不同的表达方式，所产生语境下的分析也是不同的，只有分析语境才知剧中对白表达的真正内容。因此，这也就是高语境文化内涵与低语境文化内涵之间的差异化表现。

　　高语境文化下中国人和他人产生意见或者分歧，通常采取的是避免与他人对立和正面交锋，以免出现互相脸面受损的情况。在否定对方的意见或者建议时，总是以暗示为主，希望对方尽量能明白这种含蓄表达背后的含义。而低语境文化的人们则在与他人产生意见或者分歧时，直面矛盾和正面交锋，也就是通常所说的将什么问题都摆在桌面上解决。因此，在高语境文化的人与低语境文化的人进行语言交流时，高语境文化的人所展示出的委婉和迂回情态，往往被低语境文化人所不能理解，认为并没有实际解释问题和切中主题。而高语境文化的人往往会对低语境文化的人的"直抒胸臆"感到不适应，认为这样做显得不讲情面和没有礼貌。这种直接和委婉产生了鲜明的对比，双方也只能通过了解对方的语境文化，才好进一步表达，对产生的意见和分歧才好一笑过之。

　　（2）文化交流方面。低语境文化要求交流者将人与事件分开，人们强调的是工作关系，而不是个人关系，批评也是对事不对人。相反，高语境文化则要求绑定事件与人，批评某件事就等于批评某个人或某些人。这种批评自然会造成听者的尴尬。因此，在高语境文化中，人们往往十分注重维护形象。

第二章　高语境文化与逻辑表述

低语境文化中的人通常不喜欢事物和人物的不确定性，他们不喜欢得到的信息是对于这件事或者这个人的不理解或者不确定。相反，高语境文化中的人通常能够较好地处理不确定性，他们也非常善于在模糊性的信息中去找寻自己想要得到的信息。

低语境文化中的人会使用非常直接的交流方式，他们总想就此获得大量信息并引导整个交流程序。比如，在与别人发生人际冲突或者解决人际冲突时，一般都会摆出大量事实，且事实具有一定的对抗性，这样才能说服对方。相反，高语境文化中的人使用较为间接的交流方式，在发生和解决人际冲突时，不会造成双方特别是对方的尴尬。他们认为如果直接交流可能会破坏双方的和谐，这也是高语境文化中的人们绝对不会去采取的方式。

（3）语言使用过程方面。语境的高低差异在语言使用过程中尤为明显，高语境交流中的语言是受限且支离破碎的，而低语境交流中的语言则是精致且完整全面的。就像美剧中的那样，总是试图用精致且完整的语言来解释晦涩难懂的知识。

高语境文化根植于过去的经验和历史，理解高语境文化下的语言内容需要观念和行为习惯的长期积累，从而形成一个统一、互相连接、能长期存在且不易改变的、变化缓慢且高度稳定的整体。这类语境理论上能够使交流更加经济、便捷、有效，人们不必花费太多精力去对信息作出解释说明；但高语境交流需要花费大量时间来培养默契，缺乏共同价值观念和历史经验的人很难迅速融入对话，这也是高语境交流的"门槛"。而在低语境文化系统中，因为很少具备普遍相似的群体经历，人们在沟通时需要更强的表达能力来抛出清晰的观点、背景、细节，这样做旨在避免误解。虽然没有长久的社会历史习惯和默契作为支撑，但准入门槛并不高，可以让外来者更容易地加入对话，并且在短时间内达到沟通效果。

2. 风俗习惯

由于高语境文化的人们与低语境文化的人们生活环境不同，各个国家和所在的民族在长期的历史发展和生活发展中，形成了不同的礼仪风俗和禁忌。高语境文化国家特别是中国自古就是礼仪之邦，奉行儒家思想，千百年来遵从"长者先，幼者后"，"首孝悌，次谨信"的中华礼数。在低语境国家，等级和身份的概念相对淡薄，称呼和交谈时直呼其名而不希望听到"奶奶""爷爷"等称呼。在低语境文化国家，"爷爷"一词代表着年老，称别人年老会被视为一种"无礼"的表达。而在高语境文化特别是中国，年老一词则代表着德高望重，是对老人尊敬的称呼。

3. 价值观

价值观是一个国家在奔流不息的历史长河中，大浪淘沙般形成的特有观念，高语境文化和低语境文化的价值观各不相同，它体现为对于世界、事物的认知和理解的不同。

高语境文化背景的人倾向于了解自身的环境，而不是通过口头叙述表达和说明他们的感受。自古以来，在中国社会的人际交往中，谦虚是中国人的美德，而低语境文化背景的人，将谦虚放在平等的位置上。

4. 写作习惯

高语境文化与低语境文化的不同还体现在写作中。低语境文化的人们认为作者写作应该用清晰的话语来明确表达自己的思维逻辑，以便读者更好地进行阅读和理解，因而低语境文化的作者在写作中，需对写作内容能否被读者理解负责，如果读者不能理解作品的含义，可向作者进行询问。而高语境文化的人们认为读者应对分析作品中信息的含义负有更多责任，作者在写作时，会用相对委婉的方式表达自己的思想，读者可以根据作品写作的时代背景、作者的经历，甚至语句和段落前后的含义，来分析和理解作品的含义。

（1）词汇方面。高语境文化的作者倾向于用一些具有高语境文化特征的词语来表达，这种词语足以描述高语境文化思维的具体细节，且有些细节需要读者根据前后语境来理解。比如，高语境文化的作者写一个小孩子淘气，就会细致地描写小孩子做过的淘气的事情，把邻居的花草给踩坏、上课时躲着老师偷偷说话、玩捉迷藏时故意跑回家等。这些描写为作者的写作添加了详细的修辞要素，也很详细地描写出了一个小孩子的调皮程度，而读者读到这些词汇就会想象出具体的事件，从而引起共鸣。但是这些词汇在低语境文化的写作中会被认为是禁止出现的，他们所期望看到的是文章里要有一些具体的情节描写而不是词语的罗列，他们认为这样的信息罗列是没有价值的。但是对于高语境文化的人们来说，反而认为这种信息的罗列更能体会和解读到更有意义的情节。

（2）内容方面。不同语境文化的人们对写作的内容有着不同的社会期望。中国人的写作内容在描写人或者事物时常常会采用修辞手法去冲击读者的视觉和思维逻辑，对于描写，中国人喜欢体现在让读者去想象而不是让读者去求实，也就是常常想这件事物或者这个人应该是什么样而不是它事实就必须是这个样，因而对于写作，中国人运用的修辞手法总是很相似，比如"我的爸爸是无私的，他宁可自己不吃也要让我们吃饱""我的奶奶总是要在一顿饭省下一个鸡蛋，然后放到屋子中间房梁上的竹筐里""他的父母都是工人，省吃俭用供他读完了大学"等等，都是在写长辈们对晚辈们的付出与贡献，晚辈们对长辈们的崇敬和感激，这样的内容会引起中国读者的共鸣，会使读者们浮想联翩，但是这种写法会引起低语境文化的人们的不解与惊讶，他们认为文章中的词语是用来传递特定信息的，而不是毫无意义地遵循形式去描写和刻画。

（3）结构方面。高语境文化的人们喜欢以总分总的结构来写作，在文章的开头会进行概括，各个段落间所包含的信息常常和文章其他部分似乎并没有什么关系，常常用一种虚弱的形式表达和传递意见和观点。而低语境文化的人们在文章的写作中会包含一个重要的观点，文章的其他部分都是为这个重要观点去服务的，作者的想法和逻辑在文章的开头就会清楚地表达出来，这也跟低语境文化的人们重内容而不重语境有关系。

5. 逻辑思维

对于逻辑思维，低语境文化的人们比高语境文化的人们更趋向于线性逻辑思维，这点在商业中尤为突出，他们在讨价还价时善用推理分析。相反，高语境文化谈判时通常使用较为"模糊"的方式，善用包括感觉和直觉在内的交流方式。

（二）不同语境文化间的交流

高语境文化与低语境文化体现出的种种差异，会对两者的交流产生一定的影响。高语境文化的人们与低语境文化的人们交流时，先要调整传统的表达和沟通方式，通俗地讲就是要使所交流的内容更信息化、细节化。一方面，高语境文化的人们要清晰、详细、具体地陈述理由，表达自己的观点，并通过重复观点来进行强调，确保对方知晓；另一方面，对于不明白的地方，高语境文化的人们要实事求是地表明自己还没有明白其中的意思，并请对方作出进一步解释。这样双方就能进行有效的沟通。

反之，低语境文化的人们在与高语境文化的人们进行交流时，要使语言更加含蓄和委婉，多注重对语境的理解。就像要了解我国语言，除了要了解我国的历史、文化，还要了解我国的逻辑理论与思想，这样才能在交流中实现有效的沟通。

第二节 中国的逻辑思想与理论

本节主要介绍中国的逻辑理论与思想，包括逻辑的概念、中国逻辑的发展、中国传统逻辑理论推理与思想等方面，进一步研究中国逻辑理论的开端与发展。

第二章　高语境文化与逻辑表述

一、逻辑与中国逻辑

（一）逻辑的概念

"逻辑"，是英语 logic 的音译，源于古典希腊语 logoc，最初有"词语""言语"等含义，在现代汉语中，逻辑一词是多义的，有指思维的规律性；有指关于思维形式及其规律的科学，即逻辑学；有指客观规律性。

原始人类通过不断适应复杂多变的环境、天气、人文、社会等方面，演化出一种理性思维，这种理性思维的痕迹和潜在的规律就叫作逻辑。随着时代的发展与社会的进步，文明的演化逐渐开始伴随着深邃的思想的形成，因而在分析方面也就形成了逻辑思维与逻辑表达。

因此，逻辑在狭义上指的是思维的规律，是对思维过程的抽象表述；在广义上则泛指规律，包括思维规律和客观规律。

（二）中国逻辑

高语境文化，特别是汉语，其主要思维模式来自辩证法，我国古代哲学思想中便存在着辩证思想。"太极""阴阳""道"等哲学理论体系就是我国古代人民对于自然社会客观规律的认识和总结。同时，我国自古以来形成的"天人合一"思想，也表现了人们的生活是我国古代思想的直接来源。

由此可见，高语境文化特别是汉语的主要逻辑是辩证逻辑，而低语境文化则为形式逻辑。

（三）中国逻辑的发展脉络

我国古代逻辑学的奠基之作是战国时期的《墨子》，其中记载了大量自然科学现象和墨家总结的理论，并演化出了中国传统逻辑理论推理，加上战国时期名家公孙龙的"白马非马"论，它们构成了中国古代逻辑思想研究的精髓，反映出我国古代学者在逻辑方面的研究成果，并形成了中国传统逻辑理论。

但是，到了晚清，中国逻辑却和另一个观点"中国无逻辑"并入一个话题，这显然是受到了西方学派的影响，因此，引起了晚清和民国诸多学者的争论。他们争论针锋相对，互不相让，但可贵的是，其中一些见解不再盲目受限于西方关于逻辑理论的理解，而是进行了转化，但理解上仍不失有些搬运之嫌。当时，伴随着中国社会的进步与文化的发展，一大批留学知识分子从海外归来，他们"西学东渐"的思想带来了影响着中国逻辑学界的辩证法，并转换成较为成功的"形式逻辑"和"辩证逻辑"。

20世纪初期，对先秦古典《墨经》的研究，开启了中国思想家们的逻辑探究之路，其中的著名论断被思想家们一一解读并进行反证，取得了突破性的进展。中国语言的博大精深令学者们叹服，他们的努力，奠定了后辈们对于逻辑学认识深度的坚实基础。

2022年5月28日至29日，中国逻辑史第十七次全国学术研讨会采用线上线下相结合的方式召开，40余位老中青专家学者在会上作了大会报告和分会场报告，内容涵盖中国逻辑史研究的多个领域，充分展现了当下中国逻辑史研究的最新成果。在这次全国学术研讨会上，"以西释中""以中释中""以中释西"等仍是讨论的主题。墨家逻辑自19世纪末发展至今，百年的研究方法的演进过程为逻辑理论留下了阶段性成就。

中国先秦逻辑发展至今，已经历了历史的磨洗，虽在汉代以后就仿佛隐身一般的几近不见，但随着"西学东渐"，国人将湮没于历史长河中的先秦逻辑又一次搬上了历史的舞台，并提升到与古希腊逻辑、古印度逻辑并称的世界三大逻辑源流之一的高度上，使中国古代逻辑重现光明。而后，中国留洋学子们陆续翻译和出版了诸多逻辑学著作，国内高级中学、师范类学校和大学也都开始了逻辑学课程的学习，与此同时，蒋维乔的《论理学教科书》、张子和《新论理学》、屠孝实的《名学纲要》、朱兆萃的《论理学 ABC》、金岳霖的《逻辑》、章士钊的《逻辑指要》等重要的逻辑学教材进入了课堂。

20 世纪 20 年代，数学逻辑随着英国逻辑学家伯特兰·阿瑟·威廉·罗素（Bertrand Arthur William Russell）来华授课，开始为国人所知，1927 年，王奠基的《逻辑与数学逻辑论》出版，成为国人自著的首部数理逻辑教材。而 1937 年金岳霖《逻辑》的问世，为中国培养了最早一批现代逻辑学方面的人才，其中不乏世界级的大家和学者。金岳霖成为中国现代逻辑学的奠基者。而胡适所作的《先秦名学史》博士论文，成为中国的第一部中国古代逻辑的断代史专著，也是用英文向西方介绍中国古代逻辑思想的第一部专著，对后世进一步研究中国古代逻辑具有重要的参考价值。

20 世纪前中期，中国学术界先后有两次关于逻辑问题的重大讨论，受历史原因影响，这两次讨论的背后均有苏联意识形态的影子。伟大领袖毛主席也十分重视关于逻辑问题的讨论，并多次召开相关会议，要求按照"百花齐放、百家争鸣"的方针，支持这场有关逻辑问题的大讨论，并多次邀请和会见多位逻辑学者探讨逻辑问题，使得这场持续数年的大讨论进行得十分热烈。在毛主席的号召下，全国上下掀起了一股学习逻辑的热潮，形成了逻辑学在中国的首次大普及。

到 20 世纪 80 年代初期，中国逻辑与语言函授大学成立了，其培养了大量的学员，其中大部分学过形式逻辑。到 21 世纪初，逻辑学自学考试培养班遍地开花，逻辑相关的书籍销售也十分火爆，这个阶段也成为形式逻辑在中国的第二次大普及。

总体来说，自中华人民共和国成立后，中国逻辑学紧跟时代脚步，与国家发展轨迹高度重叠。其中，在 1979 年前后，各种新的学术信息如排山倒海般涌入，很多中国逻辑学者也走出国门，到国外大学和学术领域学习和攻读学位，由此，开拓了逻辑研究的许多新领域，并在逻辑学的各个分支领域内取得重要进展，迎来了中国逻辑学教学与研究的发展新时期。

二、中国传统逻辑理论推理的分类

中国传统逻辑理论推理有推类、同构推论和连珠体三类，如图 2-2 所示。

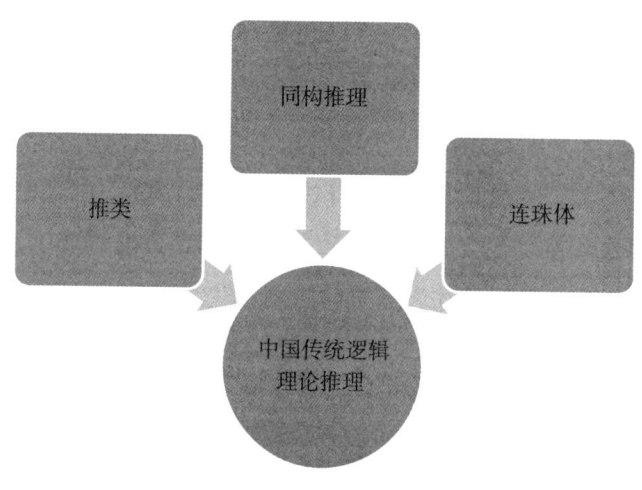

图 2-2　中国传统逻辑理论推理分类

（一）推类

推类是中国古代名辩学用语，依据"类"的同异关系所进行的推理的统称，也指一种具体的推理形式。"推理"一词最早见于《墨子·经下》，这表明我国古人对事物的认知程度已经很高。《墨子·经下》中研究的推类是根据两个对象在本质上相同，从一个对象具有某种属性推出另外一个对象也具有同一种属性的推理。因此，对对象的具体分析是推类的重要步骤。

"类"是《墨子》逻辑体系的一个基本范畴，墨家逻辑与古希腊的亚里士多德逻辑、古印度的因明逻辑并列，这在一定程度上说明了《墨子》对中国和世界在逻辑与思想方面的深远影响。对于"类"，墨家明确进行了区分，认为类名所反映的对象之间的"类同"是"有异同"，即事物的部分属性相同；有的事物不能形成类，原因是"有不同"，即各个方面属性没有相同。因此，强调"类"是确立名、辞、说的根据和前提。[①]《墨子》中"类"的概念在《大取》《小取》两篇占比很明显，如《小取》中有"以名举实，以辞抒意，以说出故。以类取，以类予"，这段话将组成《墨子》逻辑的名、辞、说三个因素进行了明确交代，指出三者要受到"类"约束。

名、辞、说，是中国古代逻辑提出的三种基本的思维形式，相当于西方传统逻辑中的概念、判断、推理。

首先是"名"，强调以名举实。《墨子·经下》："所以谓，名也。所谓，实也。""名"是人用以指事物的代号，"实"是人所指的事物。这句话的意思是从根源看，名由实起，名实统一在实，即必须以实正名。

名的种类很多，从名的外延来看，有达名、类名、私名三种。《墨子·经上》："名，物，达也，有实必待文多也命之。马，类也，若实也者，必以是名也命之。臧，私也，是名也，止于是实也。"这段话是说："名，物是达名，实物必定因名称繁多之后才用'物'来取名。马，是类名，只要是属于同一实类的，必用马这一名称。臧，是私名，这个名称一般只表示这个实物本身。"因此，达名是一般的概念，类名是反映一类事物的概念，私名是专有的单独概念。

此外，从属名与种名来分，名则分为兼名与别名。《墨子·经下》："牛马之非牛，与可之同，说在兼。"通俗地说就是"牛马"是兼名，"牛"是别名。"牛"是"牛"，非"牛"是非"牛"，"牛马"是"牛马"，"牛马"与"牛""马"是属于全体与部分、大类与小类、属名与种名的关系。

《墨子》之"名"并不将"名"指向某个静止的物件，"名"的变化与"实"的变化相契合，"实"的变化制约着"名"的语义。

---

① 国家新课程教学策略研究组. 逻辑史[M]. 乌鲁木齐：新疆青少年出版社，2004：64.

其次是"辞",强调以辞抒意。对于"意"的含义,《墨子·经上》这样解释:"信,言合于意也。"也就是说墨家认为,"信"就是说出来的话和心中想法一致,所以"以辞抒意"中的"意"指心中的想法,"抒"有抒发的意思。因此,"以辞抒意"可以解释为用言辞表达表判断想法的语句。《墨子》中涉及的表示判断的词有"尽""或""假""必""且"等。

最后是"说",强调以说出故。《墨子·经上》:"说,所以明也。"意为"说"就是解说论点和依据使人明白。对于"故",《墨子·经上》释:"故,所得而后成也。"意为"故"是指只有满足这个条件才能形成事物或现象。联系起来看,"以说出故"就是用推论来说明原因。《墨子·大取》:"夫辞以故生,以理长,以类行者也。"意思是言辞是由一定的原因产生的,又顺事理而发展,借同类事物相互推动前进。因此,在整个"说"的推论中,故、理、类三者都是基本前提。墨家逻辑推论尤其强调"类"的同异,"以类取""以类予"就是指推论的原则和基本方法。通俗地讲,要进行推论,就要先明确"类"。

综上探究可得,先秦时代对"类"的理解、对推类的解释与如今的逻辑学有所区别,因而不可混为一谈。

(二)同构推论

汉语的字(词)、词组、句子之间有很明显的同构关系。我国语言学家郭绍虞指出,汉语中的字(词)、词组和句三级都取同一的结构形式。[①] 我国另一位语言学家朱德熙也认为:"汉语的句子的构造原则跟词组的构造原则基本一致。"[②] 在汉语中,没有形成句式时,词是词,词组是词组,当词和词组可作为语言单位而被使用时,它们就成为句子,句式也就形成了。例如,用"妈妈""书本""把""我的""书橱""放进"

---

① 郭绍虞. 汉语语法修辞新探:下册[M]. 北京:商务印书馆,1979:602.
② 朱德熙. 语法分析和语法体系[J]. 中国语文,1982(1):1.

这几个词和词组去组成一个句子。得到的答案一定是"妈妈把我的书放进书橱"。

我国先秦诸子的思想便受到了汉语同构关系的影响。《道德经》:"道生一,一生二,二生三,三生万物。"可见,我国古代先哲认为世间万事万物都是遵从一个道理变化发展出来的,因而可以由小推大、由近知远,反过来也可行。《大学》:"古之欲明明德于天下者,先治其国。欲治其国者,先齐其家,欲齐其家者,先修其身。欲修其身者,先正其心。欲正其心者,先诚其意。欲诚其意者,先致其知。致知在格物。"这段话就体现了可以从大类事物具有的性质推论小类事物也具有这样的性质。

(三)连珠体

连珠是我国古代的一种特殊文体,是一种融演绎、归纳和类比于一体的综合性推论形式。连珠,谓辞句连续,互相发明,历历如贯珠,故谓"连珠"。刘勰在《文心雕龙·杂文》中称这种文体的特点是"义明而词净,事圆而音泽"。在文学史上连珠体创作较为著名的有陆机《演连珠》五十首,其字字珠玑,内容深奥。例如:

> 臣闻日薄星回,穹天所以纪物;山盈川冲,后土所以播气。五行错而致用,四时违而成岁。是以百官恪居,以赴八音之离;明君执契,以要克谐之会。
>
> 臣闻任重于力,才尽则困;用广其器,应博则凶。是以物胜权而衡殆,形过镜则照穷。故明主程才以效业,贞臣底力而辞丰。
>
> 臣闻髦俊之才,世所希乏;丘园之秀,因时则扬。是以大人基命,不擢才于后土;明主聿兴,不降佐于昊苍。
>
> 臣闻世之所遗,未为非宝;主之所珍,不必适治。是以俊义之薮,希蒙翘车之招;金碧之岩,必辱凤举之使。

> 臣闻禄放于宠，非隆家之举；官私于亲，非兴邦之选。是以三卿世及，东国多衰弊之政；五侯并轨，西京有陵夷之运。
>
> 臣闻灵辉朝觐，称物纳照；时风夕洒，程形赋音。是以至道之行，万类取足于世；大化既洽，百姓无匮于心。
>
> 臣闻顿网探渊，不能招龙；振纲罗云，不必招凤。是以巢箕之叟，不眄丘园之币；洗渭之民，不发傅岩之梦。
>
> ……
>
> 臣闻理之所开，力所常达；数之所塞，咸有必穷。是以烈火流金，不能焚景；沉寒凝海，不能结风。
>
> 臣闻足于性者，天损不能入；贞于期者，时累不能淫。是以迅风陵雨，不谬晨禽之察；劲阴杀节，不凋寒木之心。

在中国传统逻辑理论推理中，连珠体也可看作推类的一个特殊形式，而连珠体"辞句连续，互相发明，历历如贯珠"的解释，与中国逻辑理论和思想中的"连珠体融汇类比、归纳和演绎于一体"的概括，也十分相似。正因为如此，中国传统逻辑理论推理，以及古代语言的特征，从古贯今影响着中国人的思维逻辑推理与思想。

三、中国传统逻辑理论推理的特点

受到中国语言深远影响的中国传统逻辑理论推理必然具有其独特性，表现为形象说明与抽象概括的不平衡、逻辑理论的明晰度较低、以推类为中心、重问题研究而轻形式概括四个方面的特点，如图2-3所示。这些特点在古代文学作品中表现尤为具体。

第二章 高语境文化与逻辑表述

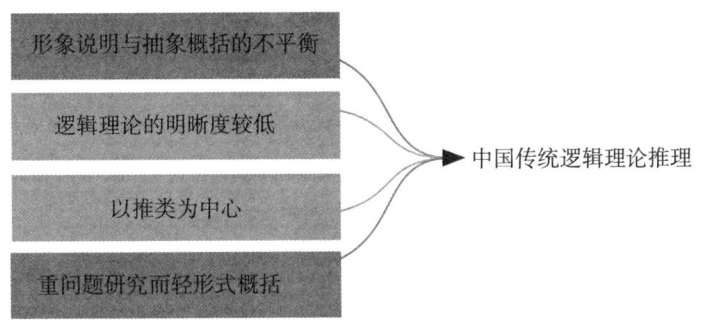

图 2-3 中国传统逻辑理论推理的特点

(一)形象说明与抽象概括的不平衡

我国古代学者在使用语言表述逻辑时,往往将逻辑理论的推理和思想放在首位,从而形成了明显的形象性特点,即通过一个形象的说明阐述一个抽象的理论,这也就在一定程度上体现了形象说明与抽象概括的不平衡。例如,中国古代逻辑学家公孙龙在《公孙龙子·白马论》中有关于"白马非马"的著名逻辑理论表述。

"白马非马,可乎?"
曰:"可。"
曰:"何哉?"
曰:"马者,所以命形也;白者,所以命色也。命色者,非命形也,故曰:白马非马。"
曰:"有白马,不可谓无马也。不可谓无马者,非马也?有白马为有马,白之非马,何也?"
曰:"求马,黄、黑马皆可致;求白马,黄、黑马不可致。使白马乃马也,是所求一也。所求一者,白者不异马也。所求不异,如黄、黑马有可有不可,何也?可与不可,其相非明。故黄、黑马一也,而可以应有马,而不可以应有白马,是白马之非马,审矣。"

高语境语言中的逻辑学运用

曰:"以马之有色为非马,天下非有无色之马也。天下无马,可乎?"

曰:"马固有色,故有白马。使马无色,有马如已耳,安取白马?故白者非马也。白马者,马与白也。马与白马也。故曰:白马非马也。"

曰:"马未与白为马,白未与马为白。合马与白,复名白马。是相与以不相与为名,未可。故曰:白马非马,未可。"

曰:"以有白马为有马,谓有白马为有黄马,可乎?"

曰:"未可。"

曰:"以有马为异有黄马,是异黄马于马也。异黄马于马,是以黄马为非马。以黄马为非马,而以白马为有马,此飞者入池,而棺椁异处,此天下之悖言乱辞也。"

曰:"有白马,不可谓无马者,离白之谓也。不离者,有白马不可谓有马也。故所以为有马者,独以马为有马耳,非以白马为有马。故其为有马也,不可以谓白马也。"

曰:"白者不定所白,忘之而可也。白马者言白,定所白也。定所白者,非白也。马者,无去取于色,故黄、黑皆所以应;白马者,有去取于色,黄、黑马皆所以色去,故唯白马独可以应耳。无去者非有去也。故曰:白非马。"

此篇文章将白马说成不等于马,让许多大儒无言以对,却又找不到破绽,堪称逻辑理论推理的经典案例。

在以上的经典例子中,公孙龙向常识挑战,以不同的角度将事物的属性与实物分离,从而引申出深刻的思想。"白马非马"是数千年的逻辑理论推理的典型,更是诡辩的典型。

其实像例子这样把中国传统逻辑理论推理体现在形象说明中并非不

可取，但是由于形象说明和抽象概括的不平衡，要想深度理解其逻辑的内涵，就需要对这种形象说明后面的理论进行深刻理解，否则就难以参悟其中的奥妙。

（二）逻辑理论的明晰度较低

中国的语言博大精深，其中不乏转折、递进、因果、并列等关系的展现，不好好思考就很难理解其中之意，这一点在古代汉语中体现得淋漓尽致，再加之古代汉语往往无标点，需要靠句读去分别，因而在理解时就需要通过读出语气停顿去体会。有时会造成句子的意思发生变化。例如，清代赵括所著《增订解人颐新集》中有这样一个故事。

> 吝啬的主人写了"下雨天留客天留我不留"的诗句逐客，而机灵的客人却断句为"下雨天，留客天，留我不？留！"字数不变，仅用标点断句，但含义与主人所想完全相反。

又如：

> 有一个很吝啬的地主对待钱财一毛不拔，他要给自己的幼子请一个教书先生，于是有个去应聘的教书先生决定戏弄他一番。地主问教书先生有什么条件，教书先生提笔写下"每天膳食无鸡鸭亦可无鱼肉亦可青菜一碟足矣"。地主拿起来读道："每天膳食，无鸡鸭亦可，无鱼肉亦可，青菜一碟足矣。"于是欣然答应。
>
> 第一顿饭时，教书先生就大喊大叫起来："怎么没有肉，只有一碟青菜？不是约定每顿饭都有肉吗？"地主说："你这条件上不是写了'每天膳食，无鸡鸭亦可，无鱼肉亦可，青菜一碟足矣'嘛。"教书先生立刻拿起那张纸

高语境语言中的逻辑学运用

读道:"每天膳食,无鸡,鸭亦可;无鱼,肉亦可,青菜一碟,足矣。"随后反问地主:"你们做到了吗?"地主听后顿时哑口无言,虽很生气但只得照办。

以上的例子说明了中国传统逻辑理论推理的理论明晰度较低的特点,各啬的主人和地主正是吃了这些方面的亏。因此,在进行逻辑理论表达时一定要明晰,让对方明白其中含义,否则就有可能遭遇上述两个例子中的以标点断句改变其义之笑谈了。

(三)以推类为中心

因《墨子》的出现,中国传统逻辑理论推理形成了以推类为中心的特点。推类也时常被儒家思想所提及。例如,孟子《鱼我所欲也》:"鱼,我所欲也;熊掌,亦我所欲也。二者不可得兼,舍鱼而取熊掌者也。"

在这段话里,鱼和熊掌二者不可同时得到,必须舍去一个,体现了话语逻辑规律中的排中律的运用,后面也会提到。在以推类为中心的过程中,这是思维逻辑条理性的展现,说明了推类的核心内容是对某一种事物进行推理。

又如,《战国策》中《邹忌讽齐王纳谏》一文里,邹忌就自己的容貌与徐公相比如何,分别问了妻子、小妾、宾客三人,通过三人的回答,明白了其中的缘由,继而进行推类推理,想到齐威王在治理国家上被蒙蔽了,于是上朝拜见齐威王,说出了一番经典的推类推理。他说:"我确实知道自己不如徐公美丽。可是我的妻子偏爱我,我的小妾害怕我,我的宾客有求于我,(所以)他们都认为我比徐公美。如今齐国有方圆千里的疆土,一百二十座城池。宫中的姬妾及身边的近臣没有一个不偏爱大王的,朝中的大臣没有一个不惧怕大王的,国内的百姓没有一个不对大王有所求的:由此看来,大王您受到的蒙蔽太严重了!"这一番进谏让齐威王作出了以上赏、中赏和下赏来奖励进谏者的命令,最终周边国家纷纷来朝见齐威王，使齐国身居朝廷就战胜了别的国家。

由此可见，以推类为中心的逻辑理论和思想丰富多样，推类思想为推动人类社会思想进步和发展创造了条件，贡献了力量。

（四）重问题研究而轻形式概括

中国传统逻辑理论推理还有一个显著特点，就是重问题研究而轻形式概括。诸多先贤在研究逻辑推理时，确实将诸如概念、判断、推理等问题形成了体系化，但是对于逻辑推理的形式显得不是很感兴趣，很少出现对逻辑结构精确分析的情况。

我国近代思想家、文学家、哲学家胡适认为先秦逻辑思想虽然不注重形式，"却能把推论的一切根本观念……都说得很明白透彻，有学理的基本，却没有法式的累赘"[①]，这段话显然已经抓住了中国传统逻辑理论推理的特点，即重问题研究而轻形式概括。有些人认为中国传统逻辑理论推理在一定程度上影响了中国语言的发展，有些人则认为中国传统逻辑理论推理中没有形式化的成分是由于在中国语言及思维过程中不容易产生形式化的方式。

也许通俗一些来看，处在高语境文化中的中国语言也根本用不到形式化的方式。因此，从中国传统逻辑推理和思想来看，以推理为中心的构成并没有固定的形式可以表现。这也充分展示了逻辑理论推理和思想的多元性，它也必将促进中国语境下的逻辑学认知的形成和发展。

第三节 中国语境下的逻辑学认知

之前介绍的中国传统逻辑理论推理的四个特点体现了这一理论的多

---

① 胡适.中国哲学史大纲：卷上[M].北京：商务印书馆，1987：224-225.

高语境语言中的逻辑学运用

元化。中国古代逻辑学的发展取得了划时代的成果,为现代逻辑学的发展奠定了理论基础。随着现代逻辑学的发展和逻辑学的广泛应用,逻辑学越来越受到人们的关注和重视。而在高语境文化特别是中国的语境文化中,逻辑学越来越显示出深远的影响与意义,它不仅体现为语言使用上的差别,还体现为对语言中词句的影响。

本节通过对逻辑学的概念、中国传统逻辑与现代逻辑的区别,以及汉语语境下的逻辑学认知的论述,诠释了汉语语境下的逻辑学认知。

一、逻辑学定义

逻辑学是英语 logic 的音意合译,旧称"伦理学""辩学""名学"等,是关于思维形式及其规律的科学。主要研究推理与论证的规律规则,为人们正确的思维和有效交际提供逻辑工具。通常有狭义和广义的不同理解。狭义仅指关于有效推理与论证的理论,即仅指演绎逻辑(传统的与现代的);广义还包括归纳逻辑、辩证逻辑以及非形式逻辑等。

公元前 5 世纪左右,古代中国、印度、希腊的思想家就开始研究有关思维和论辩中的逻辑问题。古希腊哲学家亚里士多德全面研究了形式逻辑理论问题,提出了以演绎法为主的形式逻辑体系,通常被认为是形式逻辑的奠基人。

17 世纪,英国弗兰西斯·培根着重研究归纳法,奠定了归纳逻辑的基础;德国莱布尼茨用数学方法研究有关的逻辑问题,开始有了数理逻辑的概念。18 世纪,德国康德在他的先验逻辑中提出了一些重要的有关辩证逻辑的理论问题。19 世纪,德国黑格尔批判地吸取了康德先验逻辑中的合理思想,建立了逻辑史上第一个唯心主义的辩证逻辑体系;19 世纪 40 年代马克思主义哲学产生后,逐步形成了科学的辩证逻辑。19—20 世纪,布尔、弗雷格、皮亚诺和罗素等构筑了现代数理逻辑的基础。

在此基础上,随着数理逻辑所制定的工具更加严密、精确和广泛使用,相继形成了许多新的逻辑系统和逻辑分支。逻辑学作为一门具有基础学科、工具学科和人文学科多种性质的学科越来越显示出它的重要作用。①

逻辑学是研究思维的学科。所有思维都有内容和形式两个方面。思维内容是指思维所反映的对象及其属性；思维形式是指用以反映对象及其属性的不同方式，即展现思维内容的不同方式。

逻辑学作为一门古老的学科，至今已分化出多门学科，为后人了解逻辑奠定了坚实的基础。逻辑学也是一个哲学分支学科，是对思维规律的研究，逻辑和逻辑学的发展，经历了具象逻辑—抽象逻辑—对称逻辑（具象逻辑与抽象逻辑相统一）三大阶段。

中国古代逻辑思想有很深的文化根基，因而中国语境下的逻辑学也要具备深刻的文化内涵，这也是中国逻辑学在语言尤其是话语建设方面的重要组成。中国语境下的逻辑学极为丰富，从先秦时期的《墨经》开篇，到现代的关于逻辑学的著作，从文化、思想、德育到政治、制度等方面，无不体现了对中国语境下逻辑学进行研究的艰难。《墨经》至今已历数千年，其中的语境逻辑与当代的语境逻辑已有显著区别。

二、中国传统逻辑与现代逻辑的区别

中国逻辑分为传统逻辑与现代逻辑两种，这两种逻辑称谓是针对逻辑发展的不同阶段提出的。传统逻辑是19世纪前的逻辑，蕴涵了线性思维方式，把"形式"逻辑思维方式看成唯一的思维方式，把"形式"逻辑运用范围扩大到所有对象，特别是需要复杂性思维的经济领域，就会出现悖论。"现代逻辑"是19世纪后的逻辑，是指数理逻辑和应用数理逻辑而形成的逻辑系统。现代逻辑的基本特点是形式化，就是用一套特制的表意符号去表示概念、判断、推理，获得它们的形式结构，从而把对概念、判断、推理的研究转化为对形式系统中符号的研究。

据说"传统逻辑"与"现代逻辑"争论已久。随着文化的发展和社

---

① 上海辞书出版社. 辞海[M]. 7版. 上海：上海辞书出版社，2019：2869.

会的进步，中国传统逻辑与现代逻辑区别显著，体现在产生时代与创立者不同、使用语言上的差别两个方面，如图2-4所示。

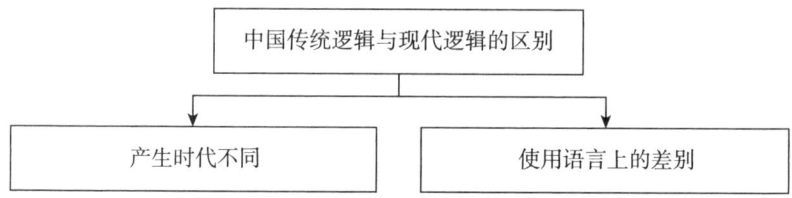

图2-4 中国传统逻辑与现代逻辑的区别

（一）产生时代不同

就产生的时代而言，中国传统逻辑思想可追溯至先秦时期，既包括以《墨子》为代表的逻辑学说体系，又包括《周易》以及其他名辩学说等经典文献，不仅完整地展现了中国传统逻辑学话语体系和思想的来龙去脉，还为后世研究古代先贤逻辑名辩观点和思想奠定了基础。

现代逻辑是指由数理逻辑和应用数理逻辑形成的逻辑系统，用一套特制的表意符号去表示概念、判断、推理，获得它们的形式结构，从而把对概念、判断、推理的研究转化为对形式系统中符号的研究，这就是现代逻辑的基本特点——形式化。

（二）使用语言上的差别

传统逻辑的表述语言是自然语言，现代逻辑则更多是使用人工语言或者符号语言进行表述，两者之间既存在着差异性，也不能相互替代。

自然语言具有不确定性。就语境而言，不同的语境会产生不同的含义，而传统逻辑不如现代逻辑推理形式多样，其表现的还是一种规则与符号的不明确，从而导致逻辑思维缺乏准确性。但是现代逻辑不会出现这种情况。

首先从语法要求来说，自然语言在表述过程中，虽然会体现出不确定性和随意性的特点，但为保证其逻辑的表达，语言必然要受到语法的制约，而人工语言或者符号语言就不会有这种情况出现。现代逻辑在表述时，不受任何语言的语法制约，从而能更为精准地直接表达。

其次就谈论的对象来说，自然语言的层次与内容容易产生混淆，例如：

君君，臣臣，父父，子子。

这是《论语·颜渊》中的句子，意思是做君主的要像君主的样子，做臣子的要像臣子的样子，做父亲的要像父亲的样子，做儿子的要像儿子的样子。不看语境、不看翻译的话，可能会看不出要表达什么内容，这样的表述看起来就会显得过于单薄，且即使是书面语，也无法精准、直观地将想表达的内容表达出来。但是人工语言或者符号语言就能够清晰地表达语言的内容，并将语言中的层次分离出来，研究的范围更广，准确性也更高，表达出的逻辑也更为自然，所以对于上面的文言文来说，只有看过白话文翻译后，才能明白其表达的意思。

又如：

一个人对另一个人说："我到过一个没有人的地方。"

这句话看似没有任何问题，但是就现代逻辑来看，其准确性有待商榷。当一个地方有过人类涉足后，这个地方其实就算是有人类的痕迹了，也就不能说是一个没有人的地方。就好比，人类在踏上月球之前，可以说月球是个没有人的地方，当美国宇航员阿姆斯特朗第一个踏上月球后，月球就不能再被表述为一个没有人的地方。

最后从语境来看，在现在各国语言相互交流频繁的语言环境下，传统表述下的自然语言由于具有难以被直观理解的形式，所以不容易被使用其他语言的语言学家所学习。例如：

I begin as a common man, farming in my fields in Nanyang, doing what I could to survive in an age of chaos. I never had any interest in making a name for myself as a noble.

翻译过来就是"我从一个普通人开始,在南阳的田里耕作,尽我所能在混乱的时代生存。我从来没有兴趣让自己成为贵族"。

而文言文写道:"臣本布衣,躬耕于南阳,苟全性命于乱世,不求闻达于诸侯。"

这是三国蜀相诸葛亮《出师表》中的经典名句,被译成英语后像是失去了它原有的意蕴,虽然英语翻译很完整,但是不结合《出师表》的语态,不结合《三国演义》的文字表述,低语境文化的人们是很难理解乱世之中诸葛亮在三顾茅庐出山辅佐刘备之前是怎样一种生存状态。

又如:

We wish each other a long life so as to share the beauty of this graceful moonlight, even though miles apart.

译作:"我们祝愿彼此长寿,即使相隔千里,也能分享这美丽的月光。"

文言文写作:"但愿人长久,千里共婵娟。"

这是宋朝文学家苏轼所作《水调歌头·明月几时有》中的名句。随着我国的灿烂文化在世界各地的广泛传播,被越来越多人学习和传播,中国古代汉语的唯美表达和写作格式也越来越多地吸引着世界各国的学者和爱好者。例如:

仰观宇宙之大,俯察品类之盛,所以游目骋怀,足以极视听之娱，信可乐也。

这是晋代文学家、书法家王羲之《兰亭集序》中的名句，2022年10月，这句话被正在国际空间站执行任务的意大利女宇航员萨曼萨·克里斯托福雷蒂在社交媒体上引用并附上了英语和意大利语的翻译。显然，萨曼萨·克里斯托福雷蒂是有较大的汉语学习兴趣的，并能够理解古代汉语的意蕴，这也在一定程度上说明了中国古代汉语在世界范围内传播之广泛，学习人群之广泛。中国的古代汉语和现代汉语已经在世界范围内引起人们的广泛兴趣，但是在学习汉语的过程中，其他国家的学习者除了要了解高语境文化与低语境文化的差异，对于中国语境下逻辑的掌握也是至关重要的，否则就会像上面的例子一样，仅靠翻译是无法完全理解中国古代汉语所要表述的真正含义的。

三、汉语语境下的逻辑学认知

（一）语境逻辑的意义

在汉语中，语言和语境息息相关，语言虽是一种社会现象，但离开语境，语言就会成为孤立的语言，孤立的语言是没有意义的。只有当语言和语境进行结合，人们才能在交流中表达出语言应有的意义。因此，中国人在进行交流时，必须把握好语境，这样才能进行有效的语言表达。人们也只有联系语境去使用语言，才能通过语言表达自己的感受，才能通过语境去理解别人言语中的真实含义。因此，语境逻辑的意义就尤为重要，它可以帮助一个人分析判断别人话语中的真实意思。例如：

领导说："明天上午八点我去开会。"
同事说："明天上午八点我去开会。"

在两个相同的句子中，领导和同事所处的身份不同，自然语境也不同，得到的结果也就不同。在领导的话中，"去开会"有去听会也有主导会议的意思；而在同事的话中，"去开会"意思只是单纯去当会议听众，表示去参与了一个会议，没有主导会议的含义。因此，同样一句话，若想听明白其中的真正含义，就要从说话者的语境入手。

（二）语境对语言运用的影响

人类在交际中所使用的话语，不论是口语还是书面语，都和语境密不可分，系为一个展示的整体，语言与语境间是相互合作、相互依存的关系，若是破坏这个关系，就会出现唇亡齿寒的情况，人类的交际就无法有效地实现。而在现实情况中，如果在对话中忽视了语境的存在，则无法进行有效的交流，语境逻辑也就无法有效实施。

20世纪50年代后半叶，美国语言学界出现了一种全新的语法理论叫作转换—生成语法理论，由美国的语言学家A.N.乔姆斯基（Avram Noam Chomsky）创立，是一种关于语言能力的天赋性和创造性的理论，它把研究语言的内在能力放在重要的位置，认为语言能力是说某种语言的人对这种语言的内在认识，是一种可以了解这种语言的本质的能力，其研究范式限于人的语言知识或语言能力，而不是语言的使用，即它一般不研究话语的社会内容、交际功能和说话的环境等。虽然这个理论影响深远，但是，A.N.乔姆斯基在1965年发表的《句法理论的各个方面》中指出了语境对语言的影响，并且顺势提出了"语境自由"和"语境制约"等规则，但对于复杂多变的语境他仍然未能理解透彻，不能解释其在社会交际中使用语言的复杂现象，这也在一定程度上说明了他理论的局限性。

其实在语言学的门类研究中，语境都有重要的作用，如语法学中的"语法场""语用平面"，社会语言学中的"语域"，心理语言学中的"语意心境"，修辞学中的"题旨情境"说，逻辑语言学中的"前提"，语义学中的"言外之意"，语用学中的"预设"，等等。这些离不开语境，更离不开语境逻辑。

在高语境语言中,语境对语言有着很明显的制约作用,对语言的语义、词语、句式选择都有影响。

1.语境对语义的制约

(1)同样一句话,不同身份的人表达的语义是不相同的。例如,前文说到的例子:

领导说:"明天上午八点我去开会。"
同事说:"明天上午八点我去开会。"

领导和同事的身份不同,因而在同样一句话上表述出的语义是不相同的。

(2)同样一句话,在不同的时间、地点,就会有不同的语义。例如:

"看看,这都几点了。"

就时间而言,早晨,这句话可作为父母催促孩子起床所用;中午,这句话可以作为父母告诉孩子要午休所用;晚上,这句话可以作为父母督促孩子写作业所用。就地点而言,在公园,这句话可以作为情侣间的约会迟到提醒所用;在公司,这句话可以作为上级对下级工作完成进度的警告所用。

(3)语境的潜在语义。在口语或者书面语中,要正确理解一个句子的意思,单单通过各词组间的搭配进行理解是不够的,这样理解的只是句子的表层含义,而有些句子的深层含义,就是句子的潜在语义是需要借助语境来进一步了解的。例如:

他兴高采烈得非常:"天门两块!"他不知道谁和谁为

什么打起架来了。

这是我国文学家鲁迅所作的《阿Q正传》中的一句话，如果不联系上下文阅读，读者不会知道阿Q说的"天门两块"是什么意思。只有结合《阿Q正传》的前后情节，读者才会明白这句话说的是阿Q在天门牌上押了两块钱。

无论口语还是书面语，语言有时并不会把所有要表达的东西都体现在字面上，因而就需要从理解语境着手。这也在一定程度上说明了，语言和语境的关系是密不可分的，不论是高语境，还是低语境，学习任何一种语言，都要先了解其语境。

2.语境对语言歧义的排除

口语中的歧义很常见，所以在对语言的学习过程中，如果出现了话语上的歧义，只要将话语代入语境中去理解，那么这个歧义就会被排除。例如：

顺楼窗飞进一只烤鸭子来。

这是经典相声作品《扒马褂》中的一句话。单看这句话，说的根本就是不可能的事情，烤鸭子怎么会飞？又怎么会顺着窗飞进来？是典型的话语歧义。但是随着解释一方话语中各种前提的不断叠加和语境的代入，听者明白了原来是扁担上的烤鸭子随着抡起的扁担正好顺着楼窗飞了进去，看起来就像是顺楼窗飞进一只烤鸭子来。总之，任何句子只要离开语境，在口语表达上都会产生一定程度的歧义。这也在一定程度上说明借助语境的分析是可以排除歧义的。

3.语境对语言词语的制约

在汉语中，词语也受到了语境的制约，单单一个词语无法看出用得巧不巧妙，而用到句子里，再结合语境去读，就能够品出来。这一点从古人在写诗写文章时，为了切合语境而反复斟酌一个词甚至一个字就可以看得出来。例如：

> 闲居少邻并，草径入荒园。
> 鸟宿池边树，僧敲月下门。
> 过桥分野色，移石动云根。
> 暂去还来此，幽期不负言。

唐朝诗人贾岛在写这首《题李凝幽居》时，第二句原本写的是"鸟宿池边树，僧推月下门"。后在韩愈的建议下，将"推"改为"敲"，一下子就切合了语境，也成就了"推敲"的佳话。

又如，《红楼梦》第七回中焦大的一句话：

> "不和我说别的还可，若再说别的，咱们红刀子进去，白刀子出来！"

"红刀子进去白刀子出来"这句话明显是语句歧义，正确的逻辑应是"白刀子进去红刀子出来"，让人读起来不免认为四大名著之一的《红楼梦》也会有错误，对作者曹雪芹的这句人物语言是否贴切生疑。但是结合语境去看，这句话是宁国府的老仆焦大在醉酒状态下胡言乱语的，而在现实生活中，一个人在醉酒状态下说出的话一般都是颠三倒四的，因此焦大将"白刀子进去红刀子出来"说成是"红刀子进去白刀子出来"，正是体现了他醉酒的状态，读去更为贴近实际，这也正是作者曹雪芹在语言及语境运用中的高明之处。

4. 语境对语言句式选择的制约

在高语境语言特别是汉语中，语境对句式选择有着制约的作用，具体可体现在上下文语境、情景语境和文化语境三个方面。

（1）上下文语境对句式选择的制约。上下文语境是指借助上下文，才能正确理解句式的语言环境。汉语的每一种句式都具有独特的句法和语义特点，但是研究者在进行研究时往往只是从句子的静态层面进行研究，进而再通过相关的语法理论对句式进行研究，就可以将语义的结构和句法的结构进行一一对应，同时可以表现出句法结构在语言上的特点。在上下文语境对句式选择的制约中，可以将后续句中的宾语与前接句中的某一成分进行衔接，使它成为一个把字句。例如：

我在商店买了一袋苹果，把它放到了车里。

这个句式中，前接句中的"苹果"和后续句中的"它"指同一个物体，因而可将"把"的宾语看作把字句的制约条件，而后续的语句都可以围绕着前面的宾语展开。这也是上下文语境对句式选择的制约。

（2）情景语境对句式选择的制约。情景语境是指从实际情景中抽象出来的，对语言活动产生影响的一些因素，包括参与者双方、场合（时间、地点）、说话的正式程度、交际媒介、话题或语域。

在日常交流中，具体交流双方所使用的语言在特定的交际情景中展开，而具体的交流时间、交流地点、交流人物、交流双方的知识体系背景是构成这种交际情景的综合性因素。此外，双方的交际情景和语法现象也具有一定的联系，因而在对情景语境进行分析时，语言研究者需要通过具体情景对语言进行判断。例如：

"是他加了她的微信。"
"是她的微信被他加了。"

两种表述的意思是一样的，但是由于事件陈述者所使用的情景语境不同，使用的句式结构也不同，表达出的交际意图也就不同，这就是情景语境对句式选择的制约作用。

（3）文化语境对句式选择的制约。在日常对话中，上下文语境和情景语境对句式的制约随处可见，但还有一种语境是交际者双方需要考虑的，那就是文化语境。文化语境是指在谈话过程中个人所处的风俗习惯、历史背景、思维方式、道德观念、社会规则等。在不同的文化语境中，同一个句式也会产生不同的语言表达效果和交际效果。通俗来说，就是高语境文化和低语境文化对同样的句式选择的制约作用的体现。例如：

"我很好。"

"I'm fine。"

这两个句子同样都是表达"我很好"的意思，但是说话者是不是真的很好还有待结合上下文和文化语境去判定。因为作为高语境文化中的语言的汉语在传递过程中对语境的依赖性较大，而作为低语境文化中的语言的英语在传递过程中对语境依赖性较小，所以"我很好"未必真的是指很好，还需结合语境去看，这也在一定程度上说明了交流过程中双方感受和认知很重要，了解了这种文化语境对句式选择的制约作用，在日常的交流过程中就能合理地避免尴尬，使交流顺利进行。

总之，汉语的研究者和学习者应了解中国语境下的逻辑学认知，在汉语语境中可通过一个特定语境的营造，去配比相同类型的语言形式；而句式也可以根据需要，去对语境进行特定的表述。进一步来说，语境与逻辑之间存在着密不可分的关系，且在对高语境语言特别是汉语的理解中，对汉语的悟性表达逻辑的掌握也是十分必要的。

第三章 汉语的悟性表述逻辑

第三章　汉语的悟性表述逻辑

作为高语境语言范畴，汉语承载着中华民族博大精深的传统文化，有着强大的生命力和创造力。从汉语体现出的"重意会""重虚实""重具象"三个方面可以看出，汉语在口语、书面语的表达逻辑体现了"重心理而略形式"的特点。这个特点，是汉语人文因素的具体体现，也就是汉语的人文性。

与低语境语言相比，作为高语境语言范畴的汉语的"重心理而略形式""重了悟不重形式"均可说明汉语具有悟性。就汉语的语义、句式、主体思维来看，形散而意广是其主观的表现，这源于自古以来受孔孟思想、诸子百家，以及先贤哲学的影响，从而出现了注重主体思维表达的形式，往往从自我进行描述，甚至在这种自我主导的主观句式下，常常出现人称的省略但不改变句式意思的情况。在高语境语言环境下，这种悟性表达十分自如，表达者和理解者都明白其中的逻辑顺序和语句要表达的意思，但在低语境语言环境下，这种悟性逻辑表达将使表达者和理解者摸不到头绪，这也就是高语境语言的优势所在。

本章重点将汉语的特性和思维逻辑结合起来叙述汉语的悟性表达逻辑。

第一节　以实的形式表述虚的概念

在汉语的悟性表达逻辑中，"重心理而略形式"体现的是一种以实的形式表达虚的概念的做法。形散而意广是古汉语的重要表现手段之一。古代诗人在写作中，往往注重以实词手法或者现实手段去描述缥缈、虚有的概念，这种以实概虚的方式，经诗人的手笔，往往呈现出实词直译都难以表达的意境和心怀。

本节通过古汉语及现代汉语的案例，呈现汉语以实的形式表达虚的概念。

一、形式表述

汉语的哲学背景是儒学、道学、佛学的悟性思维,其主要的特点是重意义组合而轻形式结构,让听者去领悟其中的意义与关系。这是由于汉语中的词并没有严格的形态变化和形态束缚,句子的结构也不受主、谓、宾的约束,词汇也重功能和意义,轻形式结构,词语之间的语法意义和逻辑联系常常隐含在字里行间,这种"约定俗成"的形式表达如飞驰的骏马般洒脱和自由,不拘泥于必须主谓宾齐全,也不拘泥于句子之间的断与连。因此,有学者表示,"中国语法是软的,富于弹性"[1],体现了汉语的悟性表达逻辑。

二、形式应用

汉语用词倾向于具体,常常以实的形式表达虚的概念,且实与虚能够相互描述、相互关联。在汉语的悟性表达逻辑中,"重心理而略形式"体现的是一种以实的形式表达虚的概念的做法。形散而意广是古汉语的重要表现手段之一。古代诗人在写作中,往往注重以实词手法或者现实手段去描述缥缈、虚有的概念,这种以实概虚的方式,经诗人的手笔,往往呈现出实词直译都难以呈现的意境和心怀。例如:

飞流直下三千尺,疑是银河落九天。

这句诗词是唐代大诗人李白《望庐山瀑布》中的经典之笔。庐山瀑布飞流下泻的长度是诗人无法用眼睛去精确丈量的,但是诗人挥笔而就写作三千尺,这就是一种概括的方式,以实的形式去呈现虚的概念。"三千尺"写出了瀑布的壮阔,因而诗人紧接着用"疑是银河落九天"来解释"三千尺"的长度,既虚化了瀑布现实高度可比银河,又巧妙地融

---

[1] 周婷. 大学英语翻译技巧与实践教程[M]. 武汉:华中科技大学出版社,2017:72.

入了古人对宇宙的敬仰之情。如此大手笔一蹴而就,因而也就没有人去研究"三千尺"用来写庐山瀑布到底合不合适了。

所谓"虚",是一种题目概括的表现形式;所谓"实",是用来对"虚"的刻画和描写。在汉语的表达中,"实"要以"虚"为灵魂,重在调动起读者的思维联想,并运用相同、类比等手法,以抽象带动发散思维,联想到具体的事物。言者在以实的形式表达虚的概念的同时,在思维中帮助读者完成由自然现象到社会现象、由虚拟事物到现实事物的联想。例如:

> 危楼高百尺,手可摘星辰。
> 不敢高声语,恐惊天上人。

这是李白的另一首诗《夜宿山寺》,通篇在描述楼阁之高。首句"危楼高百尺"几个字除了体现高,并不会引起读者的任何共鸣,也无法让读者由此产生同向对比。"手可摘星辰"一出,瞬间将楼高与天上的星辰所关联。诗人在虚化的写作中,陡然提升了楼阁的高度,并让读者把楼阁与天上的星辰联系到一起,产生了主观的想象。随后,诗人进行了升华,以更为虚化的"不敢高声语,恐惊天上人"来描述楼阁之高。"摘星辰""高声语""天上人"都是实词,却可用来呈现虚渺的神仙境地的概念。诗人用此手法,更加夸张地描绘了楼阁之高为他平生所未见。"恐惊天上人"也表达出诗人对天上神仙般的生活的向往和追求。

李白在对上述两篇诗作的写作中,用了优美的辞藻和夸张的修辞手法,以实的形式表达虚的概念,让读者对其中虚化的境界产生了思维联系的共鸣感。读者在对诗句的理解上,还需要有汉语的悟性逻辑,否则也难以理解诗人如此写作的目的。这也就是外语翻译中国古诗文只译出文章的内容,却难以译出其表达的意境和抒发的情感的原因。

在古代诗词中,用实在有形的事物来表现虚幻无形的东西,往往以

高语境语言中的逻辑学运用

虚化为实,以抽象化为具象。诗人可运用比喻,化虚为实;可运用拟人、拟物,化虚为实;可运用衬托、对照,化虚为实;可描写情景、刻画细节,化抽象为形象。例如:

月落乌啼霜满天,江枫渔火对愁眠。

在唐朝诗人张继所作《枫桥夜泊》一诗中的前两句,诗人用14个字写了月夜江上的情景,而月亮落下,乌鸦啼叫,寒霜漫天,江上枫叶飘落,渔船点点星火这些景色都是为了衬托出作者避乱孤身飘零至此的孤寂心情,以实景写出虚渺无尽的忧愁。

又如:

枯藤老树昏鸦,小桥流水人家,古道西风瘦马,夕阳西下,断肠人在天涯。

同《枫桥夜泊》一样,元曲作家马致远《天净沙·秋思》中的前几句也是仅用景物描写就描写出凄冷意境和心境。这种以实表虚的手法,在读者对诗词的解读中、逻辑分析中以及感悟中,都起到了承前启后的重要作用。

再如:

景公问政孔子,孔子曰:"君君,臣臣,父父,子子。"
景公曰:"善哉!信如君不君,臣不臣,父不父,子不子,虽有粟,吾岂得而食诸!"

这是《史记》中记载的内容。这段话的意思是,齐景公问孔子如何才能治理好国家。孔子说:"君主要谨守君道,臣子要谨守臣道,父亲要

第三章 汉语的悟性表述逻辑

尽父道,子要尽子道。"景公说:"讲得好呀!假若君不君,臣不臣,父不父,子不子,即使有粮谷,我能吃得上吗?"

"君君,臣臣,父父,子子",这种简单的表述会令读者十分困惑,结合着后面景公的回复——君不君,臣不臣,父不父,子不子——才大概明白一点意思,但如果不看翻译的话,还是不明白到底要说的是什么意思。用实的形式去表达虚的概念,这也就是古汉语的魅力与特点所在。在古代,诗人作诗时仅注意到诗句是否对仗工整,辞藻是否优美华丽,名、动、形、副等多词组合糅杂在一起,顺序颠倒,从不会考虑主谓宾的关系,有的甚至在句子之间省略主语,从单句上看,看不到主语是哪个,只把情感与意境相融合、主观与客观相融合。要想看明白其中表达的意思和作者是如何借景抒情的,就需要从语言悟性的整体性特征上去分析了。

而日常生活中的诸多言语也是这样的,一句话代表了多种意思,只有将它放在那个语境中才能理解其含义。例如:

小意思,意思意思,有点意思。

这些词都是对"意思"这个词项含义的一种虚化的描述,也是词项的内涵的周延与外延,因而往往将句式模糊化来表述一些含蓄的含义。"意思"这个词能组成小意思、意思意思、够意思、不够意思、有点意思等。一个"意思"有多个意思的表达方式,若想了解其含义,则需要代入现实的语境中才行。

以实表虚这种汉语的悟性逻辑表达在日常生活中无处不在。比如,一个人对另一个人说"吃了您?",这其实就是一种文化习惯。"吃了您"和"您吃了"意思相同。对于高语境文化的人来说,人称在后的"吃了您"就理解成人称在前的"您吃了"即可。而对于想要学好中国话的外国人来说,在理解一段很普通的话语时,还是需要更多的场景和情景带入。学习汉语就要理解中国语言魅力,了解中国文化,而不能单以语

高语境语言中的逻辑学运用

法、句法和词汇去理解。也就是说,不能以低语境的理性去意会高语境的悟性。

又如:

"师傅,跑一天出租大概能挣多少钱啊?"
"挣个买菜钱。"

跑出租的师傅在回答中说了"买菜钱",但并没有说清到底是多少钱,不过听者已经知道这个出租车师傅说的是大概挣个吃顿饭的钱,也就是钱不多,这是一种实词语言的虚义概述,也是高语境文化下人们日常交流的委婉表达方式。

第二节 从主观出发叙述客观事实

从主观出发叙述客观事实是逻辑思维应有的形态,而在语境下,主观通常是一种思考方式的存在,在心理学上又被称为无客观依据的观点,未经逻辑分析,推算,下结论、决策的行为反映。主观的描述往往是以个人为主的叙述,也往往会有一种偏误的分析与判断,而客观事实是实现事物公正平等的条件。

本节通过古汉语的事例,从主观出发叙述客观事实,以期对汉语的悟性表达逻辑加以了解。

一、汉语主观性

汉语有主观性的特征。汉语的表达十分注重主体思维与主体意识,往往从自我出发来叙述整个客观事物,并倾向于对人及其行为或状态的描述,在表达中常用主动式、意念被动句和人称主语表达法。汉语中经常

第三章 汉语的悟性表述逻辑

有隐含人称或者省略人称的用法和表达方式，常常把知、情、意融合在一起，将情感体验与客观描述合而为一，呈现出汉语的悟性逻辑表达。

二、汉语主观性句式

在汉语中，如果能从汉语的主观性入手，可以把一些较难的语法简单化。汉语主观性句式主要包含三种句式，即主观处置句、主观得失句和主观认同句，如图 3-1 所示。

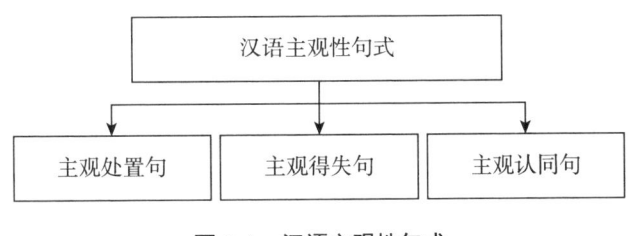

图 3-1 汉语主观性句式

（一）主观处置句

主观处置句一般体现在"把"字句的运用上。例如：

他的妈妈生气地把手机甩到了沙发上。

在这句话中，手机被甩到了沙发上，这种处置的意义比较符合人们生气的行为。因此，"把"字句总带有动作出乎意料的含义，但不是绝对的。例如：

这句话把他的妈妈气到了。

这句话中的"把"字不带有"处置"的意思，反而带有"致使"的意思。

高语境语言中的逻辑学运用

（二）主观得失句

在汉语中，主观得失句往往体现在动词上。例如：

> 他们班走了一名学生。

在这句话中，走了一名学生是指一名学生离开了班级，这是一种"失"的表达。

（三）主观认同句

在汉语对话中，汉语语法较为松散，所以常会使表述产生歧义。例如：

> 她是昨天进的微信群。

在这个句式中，正因为语法的松散，"昨天进的"修饰了"微信群"，这种表达，高语境的人们理解通常没有偏误，但是对于低语境语言的人们来说，在一定程度上是难以理解其中含义的。因此，掌握汉语语法的特点也需要设法了解一些重要的句式所包含的主观意义。

三、主观叙述客观

所有主观的事物都是不可测量的，但可以被"评估"；所有客观的事物都是可以被测量的，但不可以被"评估"。通俗来讲，也就是主观是观点，客观是事实。在汉语的表达中，主客观因素双双作用于事物中就会出现"言有尽而意无穷"的状态。而这种状态在古代诗作中尤为多见。例如：

> 横看成岭侧成峰，远近高低各不同。
> 不识庐山真面目，只缘身在此山中。

宋代诗人苏轼在这首《题西林壁》中，先以主观入手，从山的形状、高低、方向入手，去描述山峰的连绵起伏、奇峰突兀的景象。但这种描述是在描写中国哪座高峰时都可用的诗句。因此，后两句作者并不去解释他所看到的"横看成岭侧成峰，远近高低各不同"是如何奇美峻峭，而是笔锋一转，直接陈述客观事实：之所以看不到庐山的真实面目，只因为自己正处在庐山之中。"只缘身在此山中"既是客观事实存在，又瞬间将诗作的高度与境界提升，也在一定程度上将庐山的险峻与神秘展现在了读者的面前。诗人在诗作中，从主观出发叙述客观事实的写法，仅二十八字即做到将描述景色、抒发情感、留有悬念融为一体，堪称佳作典范。

在逻辑理念中，主观的判断和引用只是借当事人的眼睛和嘴巴去陈述事物，这种陈述未必能描述清楚事物真实的状态。但是在古文诗作中，通常只用概括和诠释的方法去描绘，而这个概括和诠释却能给人身临其境之感。例如：

桃花潭水深千尺，不及汪伦送我情。

李白的这首《赠汪伦》，以桃花潭水的深度来借喻汪伦与他的友谊，而桃花潭水的深度，诗人仅用眼睛是无法丈量的，因而无法陈述客观事实。不过他以实概虚，将桃花潭水比作朋友之间的友谊。"千尺"是实词，但是在诗作中却表达了虚的概念，"千尺"直接表达出人与人之间的情谊是超脱于实体丈量工具的。

第三节 汉语的直觉性和形象性表述

在汉语的悟性表达逻辑上,悟性是具有直觉性和形象性的特征,所以汉语在表达诸如比喻、成语、谚语、歇后语等上面,常常借助生动具体的形象性词语表达抽象笼统的意义。比如,竹篮打水——一场空,麻雀虽小——五脏俱全,关公门前耍大刀,土鸡瓦犬,等等,充分诠释了汉语的直觉性和形象性。汉语的文字符号具有象形、会意和形声的特点,诸如"山""门""石"等,都是在模拟自然现象和客观事物。

本节通过对汉语直觉性和形象性的分述,学习汉语悟性表达逻辑中的直觉性和形象性概念与应用。

一、汉语的直觉性

直觉性是指未经充分逻辑推理而形成的直观感觉,具有生动、具体和直接的特点。这种直觉性是由汉语的自身特点决定的。汉语文化底蕴深厚,因而要想很好地学习和把握汉语,就需要对汉语的直觉性进行了解。

通俗地讲,汉语的直觉性是一种汉语的思维方式,注重直觉的表达,使汉语言文学更具有一种含蓄的特点。它需要借助汉语的悟性表达来进行理解,因而在古汉语中体现得尤为明显。例如:

采菊东篱下,悠然见南山。

这是东晋田园诗人陶渊明《饮酒(其五)》中的名句。诗人将自己的情感寄托于自然景物中,从而创造出一种美的意境,对其主体不加任何修饰,让人有一种返璞归真的感觉。

第三章　汉语的悟性表述逻辑

诗作是情感的表达，是美的创造。汉语在意会言达上讲究严格的逻辑推理，因而直觉性在汉语诗作中占据举足轻重的地位。学诗、作诗、解诗都离不开作者对汉语直觉性的体悟。诗作语言的直觉性通常有四层意思，即不言理、不推理、似无理、无理性。也就是仅借助直觉思维并无推理过程，便可得到结果。例如：

> 大鹏一日同风起，扶摇直上九万里。
> 假令风歇时下来，犹能簸却沧溟水。
> 世人见我恒殊调，闻余大言皆冷笑。
> 宣父犹能畏后生，丈夫未可轻年少。

李白诗作《上李邕》中描写了大鹏展翅扶摇直上的场景，其不受拘束任意翱翔。诗人并没有借大鹏九万里的飞行高度，去推理大鹏接下来的作为，而是直接将自己的情感直观地引入诗作，使创作具备敏锐的感知力，抒发"丈夫未可轻年少"之感，让作品更具感染力。

汉语中许多事物都通过"观物取象"或"立意于象"，体现在一些外来词通过形象的意译或模拟拼音加形象译名，如 coca-cola（可口可乐）、mini（迷你）、clone（克隆）。大量的外来词语通过直觉领悟便可获知其真实含义。另外，汉语也喜欢用动词化表达法，采用"连动式""兼语式"及其套叠的方式，让汉语中的词语意义更加生动活泼、丰富多彩，更利于展现动态的情感直觉性和形象性。

二、汉语的形象性

汉语的形象性是文学创作和语言交际中，用形象的特殊形式反映生活时所能唤起人们感性经验和思想感情的属性。因此，汉语的形象性势必与形象思维有关，而汉语形象性的呈现与形象思维的表达，也是需要借助汉语的悟性表达来实现的。

汉语的形象性也体现于造字的图像性与构词中。以形象比喻的方法构造词语，是汉语形象性特点的又一个表现方式。比如，"矛盾"一词，就是形象地将一个成语故事中的"矛"和"盾"组合在一起，来表示一种形象的概念。而"推敲"一词也是随着贾岛诗作《题李凝幽居》中的"鸟宿池边树，僧敲月下门"而被用来表示一种形象的行为。

悟性表达和联想是理解事物形象性的主要方法。汉语的形象性包含了抽象语义的形成、修辞手法的运用、内外语境的烘托三个方面，如图3-2所示。

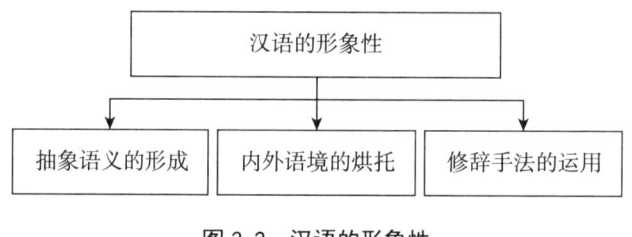

图3-2 汉语的形象性

（一）抽象语义的形成

在汉语表达中，抽象语义的形成促使人们去进行联想。古汉语写作通常也会运用抽象语义。它需要人们通过想象和联想，以形象思维去理解其中的意思。而抽象语义的形成，也促使古汉语形象性的凸显。

1. 名词活用为动词

名词活用为动词是名词临时具有动词的语法功能。在汉语特别是古汉语中，名词活用为动词是经常出现的词类活用方法之一。例如：

> 假舆马者，非利足也，而致千里；假舟楫者，非能水也，而绝江河。

这是《荀子·劝学》中的一句话，其中的名词"水"用作了不及物动词，表示游。

2. 动词的使动用法

在汉语特别是古汉语中，动词的使动用法主要是借助动词、形容词和名词来完成的，是一种重要的语法现象。例如：

> 故天将降大任于是人也，必先苦其心志，劳其筋骨，饿其体肤，空乏其身，行拂乱其所为，所以动心忍性，曾益其所不能。

这是战国时期孟子所作《生于忧患，死于安乐》，文中的"劳其筋骨，饿其体肤"的"劳""饿"解释为"使……劳""使……饿"。动词作谓语，产生了使动用法。

3. 形容词的意动用法

在汉语中，形容词的意动用法也很常见，是某些词用作动词以充当谓语，其动作属于主观上的感觉、看待或评价。主要是形容词和名词如动词般的活用，大部分动词本身没有意动用法，一般可解释为"认为……""以……为……""对……感到……"等。例如：

> 渔人甚异之，复前行，欲穷其林。

这是陶渊明所作《桃花源记》中的一句。其中，"异"原为形容词，这里却用意动用法，意为"对……感到奇怪"。

其他诸如数词、动词、形容词活用后的语义也可能是抽象语义。因此，抽象语义是汉语特别是古汉语形象性形成的主要原因。

（二）修辞手法的运用

汉语的修辞手法多种多样。古汉语的写作特别注重辞格与修饰的搭配，旨在形成一种异于寻常文字的手法和逻辑，使其更具汉语的独特风

高语境语言中的逻辑学运用

格。比如,比喻、比拟、借代、夸张、对偶、排比、设问、反问,被称为八大修辞手法。

1. 比喻

比喻是一种常用的修辞手法,用与甲事物有相似之点的乙事物来描写或说明甲事物,是修辞学的辞格之一,也叫"譬喻""打比方",在中国古代被称为"比"或者"譬"(辟)。依据描写或说明的方式,比喻可分为明喻、暗喻、借喻、博喻、倒喻等十一种。但在实际教学中,常见的是明喻、暗喻、借喻三种。比喻由本体、喻体和喻词三个基本要素组成,表达的内容生动形象,给人鲜明深刻的印象,其根据事物的相似点,用具体、浅显、常见的事物对深奥生疏的事物进行解说。例如:

且君子之交淡若水,小人之交甘若醴;君子淡以亲,小人甘以绝。

这句来源于《庄子·山木》,其中就运用了比喻的修辞手法,以水来比喻君子之交。淡如水形象地比喻了君子之间真诚的友谊。

明喻的典型形式是甲像乙,本体、喻体都出现,中间再用比喻词进行连接。例如:

太阳像一个巨大的火球。

暗喻的典型形式是甲是乙,本体、喻体都出现,中间没有比喻词进行连接。例如:

东方天边的彩霞时刻在变幻,如霜枫,如榴火,如玛瑙,如琥珀。

· 90 ·

借喻是比喻的一种,是以喻体来替代本体,本体喻体都不出现,其典型形式是甲代乙,不出现本体,直接叙述喻体。例如:

这一车西瓜,也不必过秤,一百张"大团结",我们包圆儿了。

这句摘选自近代作家刘绍棠的《柴禾妞子》。作者将"大团结"借喻为"10元一张的人民币"。

2. 比拟

比拟又名比体,是把物当作人来写,或把人当作物来写。比拟修辞手法分为拟人修辞和拟物修辞。拟人修辞方法是把事物人格化,将本来不具备人的动作和感情的事物变成和人一样具有动作和感情的样子。例如:

小草偷偷地从土里钻出来,嫩嫩的,绿绿的。

这句摘选自朱自清的《春》。作者将小草生长比作人,"偷偷地"描写出,描写出小草努力生长的情态,"钻"表现了小草生命力的顽强,抒发了作者对小草的怜爱和对春天到来的喜爱之情。

拟物修辞是把人当作物,或把此物当作彼物来写的修辞方式。例如:

他刚刚跑完马拉松,累极了,弯着腰像一条小狗一样喘着气。

3. 借代

借代是一种修辞手法,指不直接把所要说的事物名称说出来,而用与它有关系的另一种事物的名称来称呼它。因此,多数借代词为名词。

使用时尽量化繁为简，并且要让文义通顺。通俗地说，借代是一种说话或写文章时不直接说出所要表达的人或事物，而是借用与它密切相关的人或事物来代替的修辞方法。被替代的叫"本体"，替代的叫"借体"，"本体"不出现，用"借体"来代替。借代分特征代本体、专名代泛称两种。例如：

抗震抢险阶段，有许多顶着余震无畏向前的逆行者。

用逆行者来借代面对危险的强者，体现了灾情无情人有情的价值真谛。

4. 夸张

夸张是运用丰富的想象力，在客观现实的基础上有目的地放大或缩小事物的形象特征，以增强表达效果的修辞手法，也叫夸饰或铺张。指为了启发读者或听者的想象力和加强所说的话的力量，用夸大的词句来形容事物。夸张可分为两类、三种形式，即普通类和超前类，普通类又可分为扩大夸张、缩小夸张两类。例如：

整个礼堂挤得连根针也插不下。
他饿得能吃下一头大象。

用针插不下形容人满的状态，用吃下一头大象形容饥饿的程度，如此的夸张效果冲击着读者的视觉，使读者产生想象，也增强了文章语言的力量。

5. 对偶

对偶是用字数相等、结构相同、意义对称的一对短语或句子来呈现两个相对应、相近或相同的意思的修辞方式。从内容关系上划分，对偶分为正对、反对和串对。从形式上划分，对偶又可分为严式对偶和宽式对偶。严式对偶要求上下两句字数相等，结构相同，词性相对，平仄相对，不能重复用字。对于严式对偶的五条要求，宽式对偶只要求满足一部分，不那么严格。对偶语言凝练，句式整齐，音韵和谐，富有节奏感和音乐美，两方面的意思互相补充和映衬，强化了语言的感染力。例如：

久旱逢甘雨，他乡遇故知。
落霞与孤鹜齐飞，秋水共长天一色。

6. 排比

排比是把结构相同或相似、意思密切相关、语气一致的词语或句子成串地排列的一种修辞方法，利用意义相关或相近、结构相同或相似和语气相同的词组（主、谓、动、宾）或句子并排（三句或三句以上）、段落并排（两段即可），达到一种加强语势的效果。排比可分为句子排比和短句排比两类，其修辞功能可以概括为"增文势""广文义"。排比项语气一贯，节律强劲，各排比项意义范畴相同，带有列举和强化性质，可拓展和深化文义。例如：

母爱是写在脸上的笑容，母爱是充满爱意的唠叨，母爱是彻夜难眠的牵挂。

7. 设问

设问是一种常见的修辞手法，常用于表示强调。故意先提出问题，明知故问，然后自问自答。设问分单问和连问。正确运用设问，能引人注意，启发思考；有助于使文章层次分明，结构紧凑；可以更好地描写人物的思想活动；可以突出某些内容，使文章起波澜，有变化。例如：

什么叫自律？自律就是自我约束自我的行为。

自设疑问，引起注意，然后自问自答，这是设问的特点。

8. 反问

反问是借助疑问句来传递确定信息，以加强肯定或否定语气的一种修辞方式。换句话说，它是用肯定或否定疑问句的形式来表达否定或肯定的含义。反问是无疑而问，把要表达的确定意思包含在问句里，因而反问句不同于一般问句。反问的语气要比直陈句强劲有力，有利于表达鲜明的爱憎态度，是政论体中常用的辞格。运用反问时一定要切合情境，分清场合和对象。例如：

浪费时间不就是浪费生命的表现吗？
这么远，子弹怎么可能打得到？

修辞手法的广泛运用是古汉语词汇运用的一大特征，展现出汉语独特的形象性魅力。

（三）内外语境的烘托

内外语境分为言内语义语境和言外语义语境。言内语义语境是利用语言知识来解释语境对语义的制约作用，言外语境语义则是用非语言知识来分析语境对语义的解释制约作用。通俗地讲，就是内外语境相互结合、相互帮衬。内外语境的烘托将古汉语的形象性清晰地呈现出来。

综上，抽象语义的形成和修辞手法的运用是古汉语词语中常见的类型，内外语境的烘托是古汉语表义不可或缺的前提条件。掌握这三个特点，不仅有助于深入理解汉语的形象性，还能极大地促进对汉语悟性表达的精准把握。

第三章　汉语的悟性表述逻辑

第四节　汉语的整体性表述

汉语表达方式十分注重整体意念，句子主要元素靠拢，整体匀称，词语和句式往往成对出现，句式结构富有平衡之美。诸如对偶、对照、排比、反复、重叠等，辞藻华美，语态丰富，对称整齐，对仗工整，表达方式尤为注重整体意念表达，有助于整体的阅读和整体领域的呈现。这样的方式，让读者便于从整体上对句子进行联系与判断，进而产生了对汉语悟性表达的依赖。

本节从词汇、句法、语篇三部分入手，对汉语的整体性表达进行系统的梳理和解释。

一、词汇

在词汇方面，受汉语整体性意念和思维的影响，汉语表达重意义、轻形式。在汉语中，词没有严格的形态，只要这个词在整体的表达中仍具备相同或者相近的意义就可以，不需要去考虑语汇中的语法搭配问题。

汉语在词汇表达中，更多地运用比喻、排比、对偶等修辞手法。这是符合汉语的思维逻辑的，它会给人一种事物之间相互关联的感觉。比如，运用一些形象的成语来说明一个事情，由此实现汉语的整体性表述。例如：

　　这件事你既然答应了，就不要再更改了，要一诺千金。
　　你放心，我已破釜沉舟，唯有如此！

两人的对话都是搭配了形象的成语词汇进行表达，表明了自己的立场和决心，有了成语，对话呈现出更具有整体性的意念表达。

二、句法

在句法层面，汉语的整体性体现在结构、语序、语态与时态等方面，如图3-3所示。

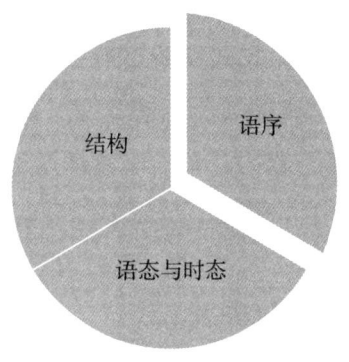

图3-3 汉语整体性句法的表现结构

（一）结构

汉语的高语境特征决定了人们使用语言时较少使用连接词，需要依赖上下文来呈现整体意思，因而句法结构即主题加叙述。主题是变化的，是要说的重点，而叙述是对主题的具体阐述。需要注意的是，这个主题并不是主语，而是话里要叙述的重点，因而汉语的句法结构是可以省略主语的。例如：

去不去打篮球？

这个句式没有主语，主题是打篮球，叙述是问去不去。即使没有主语，大家也能听明白问的是"你去不去打篮球"，这样的句法结构和意念表达方式是汉语的优势。而对于低语境文化的语言来说，就必须加入主语，否则无法构成句子。用英语举例，"去不去打篮球？"就是"Do you want to play basketball?",其中"you"是主语,不加这个主语,便无法构成让人理解的语句。

(二)语序

汉语的语序受语境影响,因而是先有语境,后有主题,反映了逻辑思维的关联性。句子在构建过程中,以时间、事理、因果关联为基础来组织内容,体现了思维逻辑的辩证特性。例如:

今天下午,他跑去商店给他的猫买了猫粮。

时间在前,表示事件的发生,跑去了商店是事理,而给猫买猫粮是与跑去商店的因果关联,这样结合出的语序就带有清晰的逻辑性。时间(今天下午)、因果关联(因为他的猫没了猫粮,所以他跑去商店买)、事件结果(猫吃上了猫粮)在这个句式中都得到了体现。对于听者来说,也可以很简单地就能明白他下午跑去商店的目的。

(三)语态与时态

说起语态与时态,人们大多会想到英语的"过去时""过去完成时""现在进行时"等,而英语一共有十六种清晰时态的划分。相较之下,汉语中的语态和时态反而没有明显的划分,多是通过句式、语气完成时态和语态的表达,以简单的话去表示完成的事情。例如:

饭已经做好了,吃完了跟我出趟门。

在这句话中,"已经"表示了过去的事情已经完成,即饭做好了。而后面的话就是将来完成时,即吃完饭要出趟门。这就是汉语的逻辑表达优势,用很简单的语句就能表示语态和时态。

三、语篇

汉语语篇主题对次主题具有宏观统领作用，其构成了语篇连贯性的基础，而语篇主题转换所用的转换标记，在一定范围内又加强了语篇的连贯性。在语篇中，篇章衔接手段有多种。

汉语语篇主题直接，语法意义和逻辑联系常常隐藏在字里行间，汉语仅靠词语和句子之间的逻辑联系，便能构成连贯的语篇。在语言学中衔接是将句子相互连接，从而组成篇章的手段。句子和句子之间的连接方法有多种，而汉语语篇的衔接则可以通过指称、替代、省略、连接及词汇衔接等手段实现，如图3-4所示。

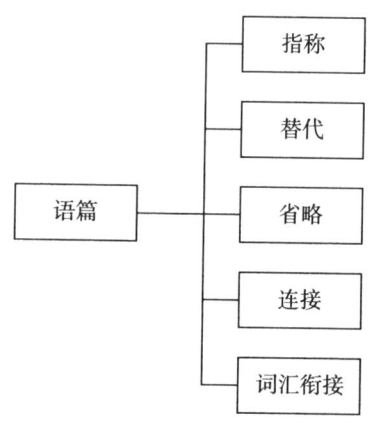

图3-4　语篇分类

（一）指称

指称是指某些代词、名词在文章中的具体陈述对象。用来指称事物的词语叫"指称语"；所指称的事物叫"指称对象"。充当指称语的一般是代词和名词，及其词组。在语义学中，指称通常被用来解释名词或代词，以及用它们来命名的具体目标对象之间的关系。指称在理解上分为结构认同法、信息认同法、语义认同法、概括认同法、篇章认同法五类，如图3-5所示。

第三章 汉语的悟性表述逻辑

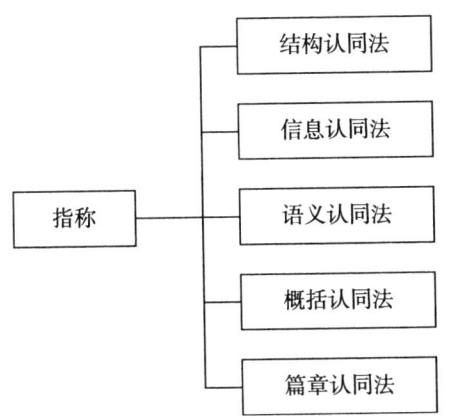

图 3-5 指称分类示意图

1. **结构认同法**

结构认同法就是利用语法结构上的相似性认同指称对象。例如：

　　这件事产生的影响超出其本身的影响范围。

这句话中的"其"指称的是"这件事"。

2. **信息认同法**

信息认同法就是在新旧信息同时出现的情况下，旧信息可用代词表示，有时可以省略。例如：

　　从这里可以得到一个思路，这就是，将 X 代入算式，就得到了 Y 的结果。

"这里"可以表示一种旧信息，而"思路"可以表示新信息的产生，"这"在语句意义上可理解为"思路"。

3. **语义认同法**

语义认同法是借助句中的组合关系，来考察词语的实际意义的方法。例如：

> 刚学轮滑的人，通常都会摔倒，只有这样，才能不断磨炼意志和提高技能水平。

在这个句子中，"这样"可作为语义对之前的"摔倒"进行认同，从而表达出句子的意思。

4. 概括认同法

概括认同法是对文章的有关内容进行概括归纳，并不是指称某一特定的对象。例如：

> 用于空间探索和深海作业的机器人是带着特定的任务到未知的环境里工作的，只有具有一定的随机应变的能力，才能完成任务。这就是正在研制的第二代机器人——智能机器人。

在这个文章段落中，"这"可理解为对"带着特定的任务到未知的环境里工作""具有一定的随机应变的能力"的"第二代机器人"能力描写的概括认同。

5. 篇章认同法

篇章认同法与概括认同法大体相同，是在更大的范围内进行的指称认同。

（二）替代

替代是说用一物代替另一物，多为强者取代弱者的地位。被替代的词语可以是动词词组或其中心词。

（三）省略

省略是说免去、除去。在一定条件下省去一个或多个句子成分。具体可分为蒙上省略、探下省略和语急省略。

1. 蒙上省略

蒙上省略是指上文用过的词,下文便省略了。例如:

> 若是死了,我就与你们同死,活时,同活。

这是《水浒传》中的一句。"同活"前面省略了"我就与你们"几个字。

2. 探下省略

探下省略又称探下省,是省略句的一种,指在不影响表达的前提下,有意省掉将在下文中出现的词语,而在上文不出现。例如:

> 七月在野,八月在宇。九月在户,十月蟋蟀入我床下。

这是《诗经·七月》里的一句,每句话里其实都含有蟋蟀,可表示七月(蟋蟀)在野,八月(蟋蟀)在宇,九月(蟋蟀)在户。而在探下省略中,上文不提蟋蟀,只在下文提到,便有一种诗韵在里面,在汉语表达中,根据上下文联系中的逻辑,仅一个蟋蟀的出现,也不会影响整体性的意念表达。

3. 语急省略

语急省略是为表达急促语气而省略一些语言成分的特殊语言现象。

(四)连接

连接是指用连接成分把两个或多个句子、段落连接起来,常用的连接手法有添加、转折、时间和因果连接等。

（五）词汇衔接

词汇衔接是语篇连贯的主要手段之一，对篇章的理解起到重要作用。分析词汇在文章中形成的语义链，一方面能更好地理解文章的主旨，另一方面能帮助读者理解而引发歧义的词句。

语篇语义的连贯性是通过句子之间的语义关系和功能关系达成的，其在很大程度上依赖于整体性的汉语思维。而汉语写作中的起、承、转、合的手法，将整个语篇连贯起来，进而使完整的含义得以呈现。

第五节　汉语的模糊性表述

汉语的悟性表达逻辑，还具有模糊性的特征。受悟性思维的影响，汉语模糊性特征较为明显，句子产生歧义的现象也较多，体现在一个深层结构即语义结构，可表现为多个表层结构即句法结构，多个深层结构也可用一个表层结构来呈现上。这种模糊性表达在低语境文化看来是非逻辑的，但是在汉语的不断运用过程中，人们对于模糊性表达的理解产生了一种约定俗成的悟性，并通过语境对其进行认知，未造成任何的对语句表达逻辑的不理解。

本节通过汉语模糊性的具体体现，进一步阐释汉语悟性表达逻辑的作用和重要性。

一、汉语的模糊性

语言是具有模糊性的，作为高语境中的汉语，其模糊性研究最早始自北京师范大学教授伍铁平。他认为，人类生活中不可能没有模糊概念，不可能处处用精确概念代替模糊概念。[①] 这引起了语言学界的广泛关注，学者们逐渐将模糊语言学引入细致化的深入研究领域。陈治安等主编的《模糊语言学概论》，对语言的模糊性的界定如下："模糊性就是词语的所指范围的边界是不确定的这种属性。具体来说，它是符号的使用者所感到他使用的某个符号与他所指的一个或一个以上的对象之间关系的不确定性。"

（一）语言中的体现

在汉语中，模糊性体现在语音、词汇、语法等多个方面。其中，模糊用语的表现形式也是多层面的。

1. 模糊限制语类

模糊限制语主要是对汉语对话的程度、范围、语言等方面进行限制和调节，它既能限制模糊词语的模糊程度，又能把精确概念进行模糊。因此，在日常汉语交际对话中使用频率很高。

2. 模糊修辞类

在汉语中，运用比喻、借代等可塑造模糊的修辞格，达到修辞的效果。

3. 数量词模糊

在汉语中，量词、数量词经常在全量的基础上，加上"大约""左右""上下"等约数标记词来表示概数。其中，只有"大约"使用在量词前面，表示概数，其他词均放在量词的后面。在日常交际中，由于句式间语境的变化，为了达到一定的交际效果，数量词就常常会被模糊化。

[①] 成昭伟. "译"论纷纷：坊间翻译话语选读与诠释[M]. 北京：国防工业出版社，2012：354.

(二)语法中的体现

1. 模糊性名词

(1)表示时间的名词。在汉语对话中,有些时间名词含有模糊的时间概念。例如,"黄昏"在上海辞书出版社出版的《辞海》第七版中是指日落而天未黑时。要理解这个词的模糊性,就要明白汉语中时间是个连续的整体,对于时间的分割并没有分明的界限。从黎明到早晨,再经上午、中午、下午、黄昏、夜晚、深夜这些阶段,才是一天的汉语逻辑性表达。在一年中,每天的日落时间不固定,而天黑时间也不尽相同,不能固定到具体精确的时间,因而需要一个模糊的表达。日落而天未黑时即为黄昏,那么每一个人都能从视觉上去感知黄昏了。

(2)表示地域、方位的名词。在汉语中,方位词与时间词一样,表示一个概念,因而在进行表达时,往往会采用模糊性的表达方式。例如,南方、北方。而方位词的模糊性还表现在其相对性上,由于观测点的不同,在同一地域或空间会有不同的方位。比如在登山过程中,随着视觉点的位移,对观测到的事物的高低则出现了不固定的情况,而人们在表达时会很自然地运用譬如"这个山刚才看起来比那个山还高"的模糊性表达。

2. 模糊性动词

(1)相关动作行为的词。在汉语中,有些行为也是具有模糊性的。比如"望"的表述是模糊的,它并没有说出"望"的距离的长短,可"望远",也可"东张西望",还可"一望无际",而究竟多远的距离可算是"望",这是在话语中无法精确计量的概念。因此,对"望"及它的组词所代表的距离进行模糊性表达是被所有人接受的。

(2)存在变化的词。在汉语中,诸如"有""无"就是存在变化的模糊性概念实词。从直观去看,表示"有"即说明至少在一个数量单位上看,表示"无"即属于数量上的空。但是"有""无"二者之间存在变化,这个变化是无法精确计量的，因而就需要模糊表述。

（3）心理活动的词。在汉语中，心理活动的时间长短、复杂程度、范围大小等是不能用数据来计算和表示的。正如有些笑谈中说的那样"你若问我爱你有多深，月亮代表我的心"。因此，表示心理活动的词都是具有模糊性的，诸如想、喜欢、感觉、怀念等。就连唐朝大诗人李白在《赠汪伦》中，都将桃花潭水的深度比作不及好友与他的友情，可见心理活动是无法以事物去比对和丈量的。因此，汉语在表达中将用作心理活动的词进行模糊性的表达，是能被所有人所接受的。

3. 模糊性形容词

（1）颜色形容词。在汉语中，一些相近的色彩之间是没有明显界限的。人们在叙述这些颜色时，往往进行了模糊的表述。比如，"青"和"蓝"之间，"朱"和"红"之间，从事专业美术教学和学习的人也许能凭借色彩感觉去分辨外，这里面的细微差别是难以界定的。因此，人们在描述中就不可避免地要使用到模糊性的表述方式。

（2）数量形容词。数量模糊形容词使用范围很广，如"深""浅"，既可指海、湖、河、潭等水系自然形态，又可指洞、壑、沟、坑等土系自然形态。指称不同，"深""浅"所概括的范围和意义也就不同。因此，如果数量形容词没有从量上加以精确界定，词义便会呈现出关于量的模糊属性。

4. 模糊性量词

（1）定形量词。在汉语中，量词有多种表达：有些表示部位，如半、截、段；有些表示容纳，如杯、箱、瓶；有些表示形状，如团、块、条。这些量词本身重形不重量，因而往往使用模糊性表达。比如，一段山路、半瓶水、一团雾气，其思维逻辑所能表现出的具体数量，真的是难以界定。

（2）不定量词。不定量词在汉语中本身就有模糊语义的功能。比如，"些""点"，它们一般表示为少量，是不可计数的不定量词，呈现了事物存在数量的抽象性，如买一些大米、有一点儿喜欢。

（3）重叠量词。重叠量词在汉语中也有模糊语义的功能，虽然有些词义是表示多少，但是却没有精确的概念。比如，朵朵、年年。

5. 模糊性代词

在汉语中，表示人数的人称代词，如我们、你们、他们都有数量指代作用，但是所指的对象都不是一个确切的数量，因而可以看出，代词特别是人称代词具有表义模糊性的特征，且人称代词在呈现语义时具有多相性，我们必须结合语境和悟性逻辑来进行分析。例如：

发言结束后，大家你看看我，我看看你，都沉默了。

这里的"你""我"并不是第二人称和第一人称的指代，而是听到发言的所有人。但是这种模糊性表达，对听到发言的所有人的表现都做了概括，比"发言结束后，大家相互看看，都沉默了"的表达要更为生动。

6. 模糊性副词

在汉语中，有些副词的语义就带有模糊性，如"刚才"，它表示事件已经发生，但具体是什么时间发生又没有给出确切的表述，因而"刚才"一词的表达就是模糊的。还有副词与修饰语，副词与数量词的搭配，都是可以构成模糊性表达句式的。比如，"有可能"表示了一定的概率，"将要"则表示出事件发生的主观能动性。它们都是模糊性表达，并不能明晰事件的精准发生。

7. 模糊性数词

汉语的数词应用广泛，常作为准确数字用以精准表述数量，但是在表义虚数概念时则需要引用模糊性数词来进行模糊性表达。例如：

你就放心吧，这件事我已经十拿九稳了。
这个养殖场内养着成百上千头牛。

第三章　汉语的悟性表述逻辑

"十拿九稳""成百上千"概括出了数量，其表达的意思虽具有模糊性，但不影响整体的阅读理解，这种情况在成语、俗语和诗作中尤为多见。例如：

> 一片两片三四片，五六七八九十片。千片万片无数片，飞入梅花总不见。

这是清代文学家郑板桥所作《咏雪》一诗，咏雪不露雪，仅用数词表示雪花的飞舞和雪量的增大，虽是模糊性表达，但是却切合下雪的景象，不失为名作。

二、汉语的模糊性应用

在汉语日常语言的对话中，人们常常下意识地使用模糊语言代替精确语言进行交流。相较于直白且准确的语言，汉语模糊性逻辑表达更为委婉和含蓄，其表达需要听者通过语境、语义等信息进行推理并理解，继而回答，完成交流的过程。因此，交流者所表达的与其交际意图常常会产生不一致的情况。

来自低语境文化的人初涉汉语时，也许会听不明白汉语模糊性逻辑表达的意思，如两人见面问声"去哪儿？""吃饭了没有？"，在低语境文化的国家的人来看，这也许是个人隐私的问题，但是在使用汉语的国度，这是很正常的寒暄方式，也是很快与他人建立人际关系的方式，就好比英语的"hello"，是个非常客套的打招呼用语。诸如此类的模糊性用语，汉语有非常丰富且多变的句式。例如：

> 改天有空咱们一起吃饭。

交际者在这句话中，使用了模糊性语言，没有人会去追问到底是哪天一起吃饭，人们多认为这是一句客套用语，于是都会进行语言模糊性的回复："好的，咱们改天一起。"这是一种双方都会留有更大交际空间的做法。若是真有人去追问："你说的改天是哪天？"这样在高语境文化中就显得格格不入了，只能让说者尴尬。又如，一个人向另一人介绍他的妹妹：

非常漂亮长的，做销售的，每个月差不多五千多吧。

这段话缺少很多词，甚至缺少主语，完整地表述应为"我妹妹长得非常漂亮，她是做销售工作的，每个月的工资差不多五千多块吧"。虽然这段话缺少了词语，但是不影响听者对其中含义和整个句式的理解。在高语境文化的国家中，双方对于这样的对话会自动填充缺少的词汇。因此，要想学习汉语，不仅要带入语境和场景学习，更为重要的是要有汉语的悟性，因为单一的学习语法和句式对汉语的学习很难起到融会贯通的作用。又如：

你要好好在家养病。

这句话对于理解汉语的人而言没有任何问题，但是对于低语境文化国家的人来说就无法理解为什么有病不治还要养？这也是低语境文化带来的对于汉语模糊性表达的偏误理解。

也许低语境文化的人会问，为什么要使用大量的模糊性语言进行交际？其目的是什么？其实，一方面，这是一种汉语表达方式的习惯和传承，是汉语文化的具体表现；另一方面，汉语的模糊性表达可以通过较少的语言形式，传递出较多值得去推理和思考的交际信息，它体现出人们在交际过程中，对交际者行为信息、心理活动和思想传递的解读，旨在达到理想的交际效果。

第三章 汉语的悟性表述逻辑

汉语是国人表达思想的有效工具，其主要特点就是结构单纯，表现形式灵活多样，且随意无拘束。汉语形成的句式中短句较多，因而出现了多种甚至多重的表达效果。就传统和现代而言，尤以传统占据更多元化的表述，其中的表达方式多样，如以实概虚、以主观叙述客观等。汉语是有悟性的语言，形散而意广。由于受儒家思想的影响，汉语多注重主体思维，往往从自身出发来叙述、描写事物和事件。汉语句子常采用主动式或意念被动式，且频繁省略人称主语，句中形容词、动词、副词错综组合，但能构成表义清晰的句式。

第四章　汉语在跨语境逻辑中的使用偏误

第四章 汉语在跨语境逻辑中的使用偏误

随着现代社会的不断发展，世界日益成为麦克卢汉（McLuhan）眼里的"地球村"，世界在信息技术的快速更新换代之下日益融合，国与国之间的交流日益密切。对此，要想理解汉语的逻辑使用，应将其置于跨语境的国家大背景下进行分析，深入研究汉语在跨语境逻辑使用中的语用失误，分析产生语用失误的原因。

第一节 汉语语法中的意合特点

学习汉语语法，首先要对语言意合进行研究，这样才能深入理解其汉语特点，纠正跨语境的逻辑使用偏误。

一、汉语语法的意合的含义

随着汉语的发展，汉语语法有着不同于其他语系的特点，这个特点也是汉语自身的特殊性——意合。"合"指关系，意合即一句话当中可能有若干小句，小句之间的关系可隐可显，如果关系是隐性的，那便被称为意合。汉语是以意合为主的语言。

由于汉语是词根语，缺少形态的变化，词语的结合也不受形态成分的约束，而更多地是受到语义因素的制约。因此，不论是词组合成句子，还是单式句型再组合成复式句型，往往都应考虑语义的配合，而不是语法的使用。

二、汉语语法的意合特点

（一）词类功能的灵活性

汉语语法灵活，由于汉语中词与词的组合主要靠意合，因而汉语不像其他语言有明确的词类标志，很多词可以根据句意的需要在句法结构

高语境语言中的逻辑学运用

的不同位置上进行灵活的变化,并变化成不同的词类。而由于可以意会其词义,汉语中词与词的搭配并不受词性的限制,词类与句子成分之间没有固定的对应关系,词类之间可以做到相互替换和变化。名词不仅可以做主语、宾语,在可能的情况下还可以做定语或者谓语,动词一样,不仅可以做谓语,有时可以做主语或者宾语,还可以做定语、状语或者是补语,充分体现了汉语词类功能的灵活性。

(二)词语句法位置的灵活性

汉语的表达,可以根据重点内容、中心语义在强调上的不同,从而把同一词语放在不同的句法位置上,达到重点强调内容优先的效果。例如:

> 第一个句式:"做好晚饭了。"
> 第二个句式:"晚饭做好了。"

在第一个句式中,"晚饭"这个词被放在了宾语的位置上,因而强调的是"做"这个动词。在第二个句式中,"晚饭"被放到了主语的位置,作为主要对象进行了强调。

由此可见,人们在日常的语言表达中,会根据语境、语义的表达需要而相应地变换句法位置,鉴于汉语词语的句法位置变换非常灵活,进而要强调的对象也变得很直观。

(三)词语搭配的灵活性

在汉语中,不仅词语句法位置可灵活变换,词语搭配也极具灵动性。尤其突出的是,汉语中有很多泛义表达的动词,如整、搞、办、弄等,用法灵活,其后所带的宾语表达出的语义关系也是灵活多变的,并带有一定的随意性。其中,一些动词宾语的搭配看似并不符合语言表达逻辑。例如:

这次他可吃官司了。

"吃官司"在词义表达中，不太符合语言逻辑，但听者都能明白其中含义，所以对日常社交不产生任何的影响，而且这样的表达言简意赅，比起解释，更能让人尽快明白。

另外，汉语语法的意合性还体现在复句分句的组合上面。在复句分句的组合中，有关联法和意合法两种方式，前者是使用关联词语来连接分句，后者不借助关联词语，只是对分句之间内在语义的组合。在汉语中，复句分句的连接一般以意合法为主，尤其是在口语中。

三、汉语语法的意合性有利于高效阅读

汉语语法的意合性特点，使它结构独特，其灵活性与简约性是其他语言所不能比拟的。汉语的这个特点有利于人们在阅读中进行高效的阅读，对于加快阅读速度有很大的便利性。这里面有一种方法叫作意会。

意会是一种认知方式，是指主体认识客体时，不经过严密精细的逻辑分析和推理过程，只是凭借已有的知识经验与客体所包含意义的相互联系和作用，直接获得对客体的整体认知理解的心理过程。把意会这种方式运用到对书面语言的感知和理解中，就形成了一种阅读理解技巧。因为人们在阅读过程中，不可能做到对书中每一个词、每一句话的理解面面俱到，不可能对每一个遇到的新词都去翻字典或者词典查询其含义。人们在对一个事物的准备性知识、经验越丰富，则意会的结果越深入。面对一部文学作品，读者对作品所涉及的内容、知识，以及作者的生活际遇、创作背景了解得越详细，则意会到的作品其中的含义与内容的真实意义表达就越准确、越深刻。这就是看同样一本书，每个人理解出的意思甚至意境不一样的原因。因此，在阅读一部文学作品时，对于一个词语、一段文字、一篇文章，读者不可避免地会遇到意会问题。"读书百遍，其义自现"的道理，就是对阅读过程意会作用的呈现。

因此，在阅读中，意会能力强的读者，其阅读速度就会快，理解能力也会变强。意会能力的提升，能够有效促进快速阅读能力的提高。

第二节　一种句法结构下的多重语义关系

我们在分析一种句法结构下的多重语义关系时，要利用符号学原理进行分析，分析其在同一个语义场中，多重语义产生的原因，其背后的深层次原因大多是关于文化与文化之间的跨文化交流。

一、汉语句子基本结构

汉语句子的基本结构：（定语）主语+（状语）谓语+（补语或定语）+宾语；（定语）+主语+（状语）+谓语。

现代汉语里一般的句子成分有八种，即主语、谓语、宾语、动语、定语、状语、补语和中心语。

主语——主要由名词和代词构成；谓语——主要由动词构成；宾语——主要是由名词和代词构成；定语——主要由形容词构成；状语——主要由副词构成；补语——主要由谓词性词语（谓词包括动词和形容词）、数量短语和介词短语充当。

了解汉语的基本结构以后，我们可以探求汉语句法的语义机制。学界对于汉语句法的语义机制通常这样理解：特定句法结构的语义来自人们把握外部世界时心理上的某种认知方式，而这种认知方式制约着句法的认知结构。

隐形的量范畴在汉语句法的认知结构中占有非常重要的地位，是对句法结构起着深刻影响的语义范畴之一。深入挖掘这种隐性量范畴的语义制约作用非常重要。

词汇作为语义承载的基本单位，与句法的语义结构有明确的互动关系。把握这种句法与词汇之间的互动关系,是切入一个汉语语法研究多重语义的重要角度。

欲探究一种句法结构下的多重语义关系,则需要深入挖掘句子的基本结构与词汇之间的联系。这样便可以将一个句子拆解开,深入探究其在不同社会环境下蕴含的不同意境,也就是上文所提到的将其以符号化的特征来进行说明。

二、语义

语言所蕴含的意义就是语义(semantic)。简单地说,符号是语言的载体。符号本身没有任何意义,只有被赋予含义的符号才能够被使用,这时候语言就转化为了信息,而语言的含义就是语义。

语义可以被简单地看作数据所对应的现实世界中的事物所代表的概念的含义,以及这些含义之间的关系,是数据在某个领域上的解释和逻辑表示。

语义是在一个特定领域的语义下所生成的含义,具有领域性的特点。在符号学里面,就是有元语言环境。语义异构则是指对同一事物在解释上所存在的差异,体现为同一事物放置在不同的元语言环境下对其的理解是不同的。

这里举一个较为通俗的事例,在和关系亲近的人说"你想干什么?",语言对象的理解为"我想怎么做"。但是放置在陌生的环境下,陌生对象常常会认为带有一种挑衅的意味。

在现代计算机环境下,语义可以理解为一种对数据符号的解释,而语法则是对这些符号之间的组织规则和结构关系的定义。因此,以词汇为基础语言单元的语义按照汉语基本句法结构构成的句子,其实大部分情况下不是句子本身存在有多重意义,而是放置于不同环境下会产生不同的意义。

关于上述论证是否正确,我们可以这样来看,在汉语中如果将句子的结构解构，对于大多数习得汉语者来说，仍然可以理解其最基本的意义。比如，"我去学校今天"。

句子按照正确结构：这句话的"今天"应该是状语，在"我"之后。即便将其放置于"学校"之后，仍然不会给人们造成误解。因为我们的汉语按照符号学所讲的规约性而言，本身便是处在一种人们已经熟知的语言规则之下，在哲学上也可以理解为"历史的语言"。

身处于规约性之下的人们，在运用汉语的时候，有时候即便句子结构按照不合理的方式发生了改变，语义却是依旧可以按照正常的语言规则去理解的。

因此，语义是在元语言秩序下所生成的。当元语言秩序发生了游离，对语义的理解也会随之改变，句法结构是书写留存的产物，人们却常常在口语环境中加以使用，这便涉及书写与语言环境。正是书写与语言的关系，衍生出了不同的语境。

三、话语实践意义的阐释

话语分析从最初仅对语言文本形式特征和组织结构进行描写，发展到对文本可能或实际产生的意义进行解读阐释，并试图在意义阐释、文本形式特征和组织结构之间建立起某种联系。

语言学领域的这一重要的"话语转向"推动了话语分析理论与方法的发展，使得以阐释为主旨的批评话语分析成为当代话语分析的典型代表。

话语作为"社会互动的一种形式"，不仅是自主言语表达的客体，还是一种社会实践，一种在社会、文化、历史或政治情境中的交际方式。受社会状况的影响，人们通过语言符号直接或间接地表达自己的关注点、价值观、视角，以及对某事物的认识、看法、立场，阐释与他人的社会关系，排除、排斥或诋毁他人的不同观点，并获得一定的社会效果等。

因此，人们的关注点、认识、看法和立场等是话语分析的主要目标。

将其置于社会文化语境中，进一步分析影响话语实践意义形成的本质原因，即人们的认知模式、思维方式和认识结构，对于准确解读话语、深入剖析话语实践意义具有至关重要的作用。

（一）论式话语分析

论式话语分析通常具备以下四种结构特征：惯常性、潜在性、目的性和象征性。

惯常性是指论证规则通常与社会集体的思维习惯和思想传统一致，并且在社会集体中广泛传播。

潜在性体现了论式的抽象特点：同一种思维模式和论证规则既可以用于表示赞同的态度，也可以表达反对的立场。目的性和象征性的含义不言而喻：前者指说话人置身于自身的利益和意图组织的言语行为，后者表明论式通过语言和象征手段实现论证。

基于上述论证，我们可以了解到，论式受特定社会群体在特定时期共有的思维方式与认知模式的影响，具有潜移默化的影响和指导作用，是一种隐性的参与构建现实的方式。

论式话语分析具有一定的局限性，其局限性首先在于就论式的定义而言，论式结构较为单一，故分析话语较为单薄。根据亚里士多德的三段论的分析方法，论式话语分析常见为"因为……所以……"，如图4-1所示。

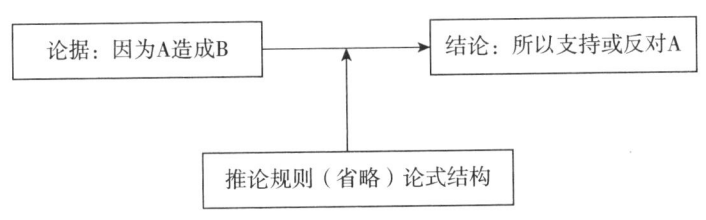

图 4-1　论式话语分析的论式结构与论式的一般表达示意图

示例：因为不牵绳随意遛狗对小区居民造成出行困扰。由此得出结论，应该支持牵绳遛狗或反对不牵绳随意遛狗。

在实际社会研究中，论式话语分析只关注论据，即"因为……"的事实关系（论据中主项 A 对谓项 B 的作用或影响），忽视了另外两种要素及其逻辑关系对论证形成和话语意义解析的必要性与重要意义。

使得我们基于论式话语仅能大致了解话语的关注点（论据）和立场（结论）。另外，在实际论证的过程中，说话人为了让其论证更加充分有效，往往会运用知识增加论据的说服力，并将一些特殊情况或者例外纳入论证。但是，这些不足可以从深层次剖析话语生成的内在原因，进而加深对话语深层意义的了解。

其次，从对论式的理解来看，语篇是呈现内容和产生意义的场地，但论式话语分析仅将满足论据的事实关系的语句或语段视作论式，未将语篇视作整体进行剖析，导致论式仅能表征语篇的部分内容，与语篇核心意义或话语者本意可能存在偏差。

最后，对于论式的辨识和构建的具体方法以及话语实践意义的分析路径，多数研究语焉不详，往往直接总结并分析话语中的论式，导致研究缺乏可重复性与可验证性。

（二）论式话语分析方法的改进

为了完善论式话语分析、更有针对性地改进论式话语分析方法，研究应回归亚里士多德的 topik 概念和修辞三段论。上述语言形式逻辑同样也是非形式逻辑的重要基础。

作为非形式逻辑领域的主要方法之一，论证分析与以 Wengeler 为代表的论式话语分析存在同源异流的关系。

就目前来看，形式逻辑难以准确解释和分析现实生活语境中的实践推理，日常论证应当要跳出"形式化"的包围圈。由此，逻辑要转向实践推理，"非形式逻辑"也就由此而生。

非形式逻辑讲求的是以日常话语论证作为研究对象，主要目的是分析、解释、评价、批判和建构论证，并发展出非形式的标准、尺度和程序。

第四章 汉语在跨语境逻辑中的使用偏误

非形式逻辑主要讲求的是论证要由被根据支持的主张（或结论），以及依赖于正当理由的推理组成。正当理由本身可能被其他陈述所支撑（支援性陈述），论证不仅包括对论点的支持，还包括对他们的攻击（反驳），这使得论证的结论受到限制。各要素在论证中都发挥着重要作用，是为阐明论证的推理模式，借此图尔敏构建了论证模型，如图4-2所示。

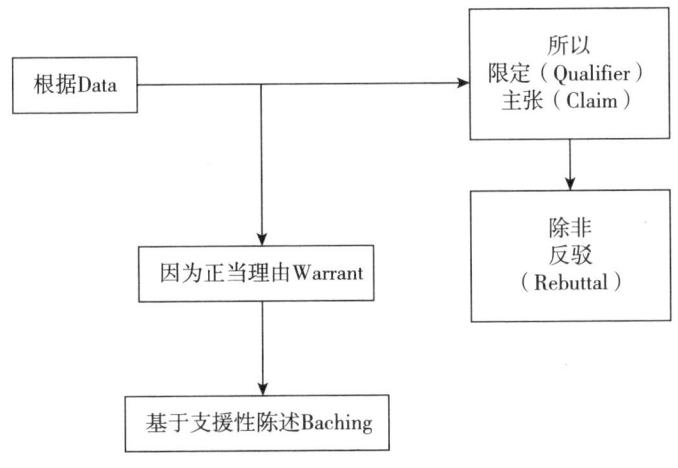

图4-2 图尔敏论证模型六要素模型示意图

综合图4-2所述，图尔敏论证模型不仅呈现了推论的过程，其中还具有不同作用和意义的六个论证要素，能为解析说话人的认知、思维和知识提供充足的资源和依据。

非形式逻辑论证分析方法可以为论式的构建与解析提供路径，确保构建的论式与语篇核心内容和意义存在紧密联系，并保证论证结论与语篇核心观点保持一致，从而能够更加准确地解析说话人的认知模式、思维方式、知识结构和观点倾向。

由上述综合分析可以了解，借助图尔敏论证模型和非形式逻辑论证分析，可以明确地改进论式话语分析。

汉语具有规约性，所以在很大程度上，中文的句子即使不按照语序也可以被中国人所了解。除非该汉语的句子结构是特殊的。因为规约性表现的是语言的文化秩序，这是根据现代符号学研究所得。

图尔敏论证模型呈现的是简单论证的微观结构,为了让构建的论式反映语篇论证结构并且呈现文章的核心含义,还需要了解各个简单论证之间的关系,从而拓展图尔敏的单层级论证结构,以此来构建基于语篇的多层级论式。

以下文为例:

> 根据汉语本身的结构,我们可以将其作为一种文化符号,该文化符号具有规约性,受制于社会及个人语言环境等多要素的影响,因而由于在不同的社会语境、不同个体的使用,一个句子结构在不同的社会语境之中,可能具有不同的语义。

D1:汉语本身的结构——C1:将其作为一种文化符号。W1:汉语本身结构符合符号学中的艺术文化符号的定义;B1:符号学对于艺术文化符号的定义,即本身并不存在于自然,而是为人们主动创造出来的艺术。

D2:汉语作为一种文化符号——C2:该文化符号具有规约性。W2:基于文化符号的背后是元语言秩序;B2:任何语言都是根据社会的历史常规性所确定的文化习俗。

D3:汉语文化符号具有规约性——C3:在不同语言场景下,同一词语意义也有可能不一样。Q1:可能;W3:规约性受社会环境的影响,不同的地域文化或语言场所,会有不同的汉语语义;B3:符号具有任意性。

D4:一个句子在不同的社会语境之中——C4:可能会具有不同的语义。Q2:可能;W4:汉语句子本身就自带文化性质;D4:汉语具有规约性。

一般来说,确定与重构论证要素的路径如下:先总结结论,即语篇的核心观点;再分别确定根据和正当理由;然后考察支援性陈述(是正

第四章　汉语在跨语境逻辑中的使用偏误

当理由的补充和强化）与反驳（通常与结论立场相反），最后明确限定（依据反驳和结论的实际情况）。

（三）基于论式的话语实践意义阐释

通过上文可以了解到，分析论式可以使我们掌握其中隐含的说话人的认知模式、思维方式、知识结构和观点倾向。

1. 认知模式

王寅认为："认知是人们对客观世界感知与体验的过程……是人对外在现实和自身经验的理性看法。"所以在不同的社会语境下，人们对一个句子的认知理解会存在差异。总而言之，认识主要指的是人们对生活中事物、活动和规律等的认识、判断和评价事物等采用的模式。

句子作为人与人之间进行交流、传播、表达思想的重要载体，不仅在社会语境之下发挥着重要作用，也是人们在交谈时了解对方态度和立场的工具。因此，句子的语义能够反映出说话人的认知和认识模式。

认知模式具有三个层面：影响因素、主体因素和结果因素。而认知模式的这三个因素也须基于根据和正当理由进行解析。

2. 思维模式

周振华认为思维指人们的理性认识及认识的过程。在这个过程中，人们借助已有的认识和经验认识客观事物，进而推测未知事物。

包含逻辑关系的句子，在说话人的表达过程中，可以使得对象了解其逻辑的思维构建与表达过程，能够反映出说话人的思维方式。

思维方式贯穿话语论证句子的始终，并且最基本的思维方式属于逻辑思维。在人们日常语言交际中，人们在思考问题与论述观点时候，会有意无意地将部分观点省略或者隐去。

这些信息通常是被说话人预先假定为众所周知、无须明确表述的论断，因为被当作一种预设隐含在话语中，反映说话人的隐含思维。

3. 认知结构

将知识定义为"共有的、合理的、普遍接受的、真实的社会信仰,以及它们在知识群体及社会中进行的大范围的话语再生产"。话语和知识相互作用,说话人通过话语建构知识,同时又对形成的知识进行话语再生产。

话语论证中的知识往往体现为对权威性论断、科研成果和统计数据等的引用和转述,运用这些知识有利于增强论证的说服力,使观点更容易被人们接受。

4. 观点倾向

观点是观察事物时所处的立场或出发点以及对事物的看法。说话人依据事实的内在逻辑和外部联系陈述事实时,传达着无形的观点和态度,表现出倾向性。

把握说话人的观点与立场倾向成为话语分析的基本目的。文本意义与话语实践意义的关系,如图4-3所示。

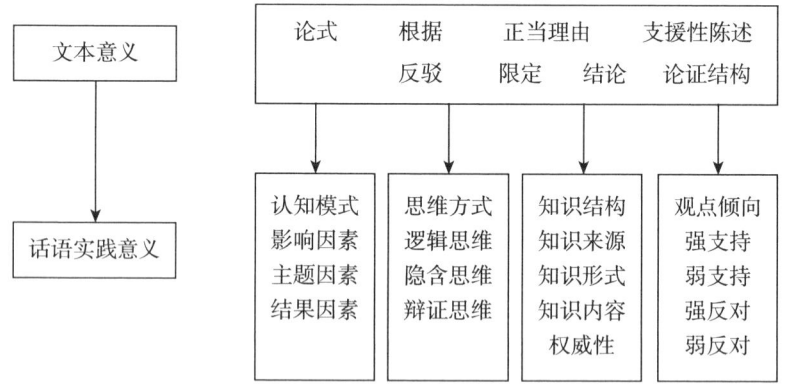

图4-3 文本意义与话语实践意义的关系示意图

四、符号学视域下的句子结构

（一）文本

符号很少会单独出现，通常是与其他符号进行组合，如果这样的符号可以组合成一个"合一的表意单元"，就可以称为"文本"。在符号学中，"文本"的意义其实相差是较大的。

最浅显的理解是与中文的"文本"相近，是文字文本。文本不是现实世界中的物质存在，因而如果一本书中有"不同的文本"，可以称为"同一文本"。

书面的句子结构，通常有空间和语意的边框，但是并不包括注解、标题、序言与出版信息。相较于上文更加广阔的定义是任何符号的表义组合，不论是出版、写作、编辑的文化产品，从唱片到电影等，在实际符号学里面常常是使用较为宽泛的定义。

巴赫金说："文本是直接的现实（思维和经验的现实），在文本中，思维与规律可以独立地构成。没有文本，也就没有探寻的对象也没有思想。"

塔尔图学派的特罗曼的定义最为简明："文本"就是"整体符号"。因此，综上所述可以得出，任何携带意义等待解释的都是文本。

符号文本是一些符号被组织进一个符号组合中；此符号组合可以被接受者理解为具有合一的时间和意义向度。

涉及六个因素：

一定数量的符号被组织进另一个组合中，让接收者能够把这个组合理解成具有合一的时间和意义向度。

文本形成的意义，在实际生活中取决于接收者的意义构筑方式。接收者看到的文本，是介于发送者与接收者之间的一个相对独立的存在。从文本细化到句子，同样成立。也就是说，句子本身一般不会携带意义，而是在于人们的理解。接收者看到的文本，实际上是介于发送者和接收者之间的一个相对独立的存在，它不是物的存在，而是意义关系的呈现。

符号在文本之中，便有了跨越时间空间的间隔，句子体现在字面上，同样也作为符号被赋予了这样的意义。也就是说，表意过程，让句子这样的符号组合获得了"文本性"。

鲍德朗德认为，"文本性"包括以下七种品质：结构的整合性，概念的一贯性，发出的意图性，接收的"可接受性"，解释的情境性，文化的文本间性，文本本身的信息性。

鲍德朗德认为"符号"的这七种特性在句子中同样适用。

汉语句子的各个组成部分，例如，主语、谓语等组合在一起，构成了一个完整的汉语句子。句子内部体现出汉语的整合性。

一个汉语句子所表达出来的意义置身于一个元语言秩序中，句义应该是在意义上保持着一贯性的。句子内部不可能接连呈现两个语境。

需要注意的是，符号到接受者那里的意义，是接受者主动构建的思想，并非文本意义，确切地说，一个句子应该有三种语义：

第一种，发出者的语义。发出者在写句子的时候，已经将句子赋予了意义，通俗来讲，通过句子来表达自身的想法。

第二种，文本符号语义。正如上文所讲，文本符号是介于发送者与接受者之间的一个相对独立的存在，那么文本句子便会呈现出来一种语义。

第三种，接受者语义。句子符号发出以后，可能不会再出现在人们的视野，就像是历史中消失的书籍一样，一旦呈现在人们的视野中，人们在阅读该文本的时候，便会调动自己的所学知识和经验等来解读，该解读过程可以称为接受者的语义。

写作者在书写句子时，先是有自身的意图，再将自身意图表达融入句子，那么最初的句子便属于作者希冀构建的意图表达。

接受的"可接受性"表现较为明显是句子本身要具有可读性、可译

第四章　汉语在跨语境逻辑中的使用偏误

性，呈现在文本上的句子要能够为人所理解，最基本要义便是句子的基本结构是合理并且完善的。之后，可能会有修辞等手法或者专业性术语升华句子等一系列加工过程，但这也是写作者要去做的。

呈现在文本中的句子意义是自身独立存在的，有自身的时空所赋予的性质。以历史书为例，历史书的文字呈现在后代读者面前，首先要确保的便是可读性，历史书上的文字与句子在历史书本身的年代可能会有一种句义，或抒情，或讽刺，或纪实等，但是随着时空不断发展变化，句子本身的意义已经远离书写者本身而表现出自身的文本意义。

解释的情境性意在强调接受者根据文本或句子内容去构建句子意义；接受者给文本或句子构建意义时，一定是按照自身的思维或逻辑关系来进行构建。

文化的文本性和文本本身的信息性着重偏向于文本自身，也就是作为一个独立存在所要展现的内容及产生的作用。

"文本性"是接收者对符号表意的一种构筑态度，接收者在解释意义组合时，既要考虑发送者的意图，也要考虑文化对体裁的规定性，但是最后需要解释一个整体：文本的构成并不取决于文本本身，而在于接收方式。

如果一个句子，写作者假定想用修辞等表现手法来加以升华，可是落在纸上却是简单的主谓宾句法结构，那么这个句子作为一个文本符号，在写作者眼里便是残缺的，但对于接收者而言，仍然是一个完整的符号组合，所以文本作为符号组合，实际上是文本形态与解释"协调"的结果。

将句子看作符号文本，是接收者对符号组合进行"文本化"的结果，而文本化是符号化的必要方式。文本自身的结构是否"完整"要参照意义、文本的组合关系，是要解释出来的。

可以说，文本化就是片面化的结合。接收者不仅挑选符号的可感知方面，同样也挑选关于感知的成分。

符号必然会形成组合，就像是句子由各个部分组成。"大局面"符号表义是一种超大的符号文本，其对于整个文化场景，甚至是整个历史阶段而言，被当作一个文本。

（二）中文的理据性与规约性

汉语与世界上的其他语言一样，占主导的特性是规约性。汉字起源于象形，继而转向并发展出复杂的构词法，系统内部出现有效的指示秩序。

一般来说，汉字的造字方法有象形、指事、会意、形声。赵元任从符号学的角度进行了分析：象形起源于描摹对象的图画文字，其他三种实际上都是在象形的基础上发展起来的各种指示符号。

"指事字"是在象形学上增加符号，形成了皮尔斯所言的"图形像似符号"。指事字"视而可察，察而见意"："本"为树根，刀边为"刃"，"日"为一轮光中有实。

"会意"是形象组合，实际上是复合的指事，赵元任称之为"Compoundldeogrph"。

占了汉字绝大多数的"形声字"，则是"以事为名，取譬相成"，"名"是形旁的类别，"譬"是声旁的语音，如"刚""桥"。

简体字比繁体字蕴含更丰富的语音因素。根据《甲骨文文字集释》统计，在商代的甲骨文字里，形声字占37%；到《说文解字》，增到80%；而现代文字里的形声字则已占90%以上。

中文实际上沿着皮尔斯的符号三分法，从像似符号，演变成为指示符号，再演变成为规约符号。或许其他书面语言也是沿着这条路走过来的，只有中文保持了三种成分并列，因而可能接近上面说的皮尔斯的理想，成为"最美的文字"。

世界上的字的构造问题，都是词源问题，一旦进入了中文符号系统，各种造字法本身都淡入幕后。中文与其他文字一样，全部词汇都必须是规约符号。哪怕写诗的时候，也是如此。

(三) 符号表意

一个汉语句子，属于文化符号，独立形成了一种价值。符号表义分为能指与所指，所指就是能指所指出的东西。在汉语符号系统中，汉语有着独特的能指与所指关系，以"鸟"这个概念为例，中文用"鸟"字来表示，英文则用"bird"，尽管它们的能指形式不同，但是其所指最终都是一样的，都属于自然界中鸟这样的一个自然生物。

分节概念更能揭示出所指是"能指所指出的东西"。索绪尔说："应用到言语上，分节既表明说出来的语词链分为音节，也表明意义链分为有意义的单元。"从中可以看出，索绪尔认为语词链分为音节，对应意义分割称为词汇。

哥本哈根学派的叶尔姆斯列夫认为语言最基本的双重分节，是在"表达"与"内容"两个层面。双重分节在叶尔姆斯列夫这里从语言扩展至所有内容。表达层的内容是纯粹的形式，属于"空符"；相对应的内容层面是具体的意义，是实符。一个能指的所指，可以是多重系列。

可以说绝大部分符号系统，都是能指分节促成所指分节形成。往往这样的分节是有序的，就像一个句子内部各个部分都有对应的位置。

因此，只有能指分节清晰，互不重叠，合起来覆盖全域，表义才会清晰。能指分节，不仅分割所指，而且经常指出所指分节的方向，当能指成为"矢符"，所指出现方向的词语，比如上下。

能指的分节本身是带着方向意味的指示符号，旨在形成意义域的方向秩序。不难发现，这种能指的分节与所指的分离，看似遵循某种既定秩序，有时却又自然而然，顺应自然本来的秩序。实际上，分节是符号使用者的人为区分，改动一种区分方法，哪怕表达的全域依然，所指也起了变化。

双重分节清晰地证明，上文说的"所指就是能指所指出的"这样一个似乎同义又反复的定义。汉语句子也是如此，利用词语来表达写作者心中的所指，句子便属于"能指"，一个个句子组合形成的文本成为一个能指分节。

同一连续体不仅在不同文化中分节不同，在同一文化中也可以用不同方式分节。如果将一个句子视作一个连续体，那么在不同的文化中（包括地域文化），能指分节也是不一样的；即便处于同一文化中，也会有不同方式分节。例如，"你在干什么？"这个句子，如果放在与朋友交谈之中便是一种类似日常习惯的问候，但是如果放在与陌生人的交谈之中，其语义就会大大不同。

其实任何符号都会落到文化的"多分节"的局面之中，一个句子，在不同的社会语境下处于不同的分节系统中，这是文化秩序所带来的影响。

在这里需要注意的是分节是符号使用者意义操作的结果，而不是客观存在。

皮尔斯将符号可感知部分，称为"再现体"，这相当于索绪尔所说的能指；但是索绪尔的所指，在皮尔斯那里分成了两个部分："符号所代替的，是对象"，"符号引发的思想"称为符号的"解释项"。皮尔斯的三分法比索绪尔二分法还多一元，更多强调的是符号表义展开延续的潜力。

皮尔斯的"解释项"让符号学向前走了一大步，正是因为符号有了解释项，任何符号必须有接收者。一个汉语句子的意义呈现，有赖于接收者的理解。

意义通常分为两个部分，即直接义、延伸义。符号意义随着文化场景的变化而变化。这句话也同样适用于句子，汉语句子随着社会文化场景的变化而发生变化。外延是符号的直接指称，也就是皮尔斯说的"对象"。内涵则是对象各种属性的总和，包括暗示意义。

第三节 汉语中的虚词不"虚"

虚词泛指没有完整意义但有语法意义或功能的词,其具有必须依附于实词或语句,表示语法意义,不能单独成句,不能单独做语法成分、不能重叠的特点。汉语中的虚词对于跨文化交际的作用也是不言而喻的。

一、何谓虚词

汉语中的虚词泛指那些没有完整意义,但有语法意义或者功能的词汇。虚词不能做单独的语法成分被使用,不能单独成句,也不能有重叠。与实词相比,汉语中的虚词的数量较少,但其功能不亚于实词所发挥的使用功能,甚至一些虚词用好了还可以起到大于实词的作用。虚词虽然很少,但在汉语话语交际中的使用频率却比实词还要高。翻开一篇文章,其中"的""了"虚词,这种使用频率也是任何一个实词所不能比拟的。

刘月华等著的《实用现代汉语语法》认为:"我们划分汉语词类的标准主要是根据词的语法功能,兼顾其词汇意义。根据语法功能,首先把词分为实词与虚词两大类。实词能充任句子成分,一般具有实在的词汇意义……虚词一般不能单独充任句子成分,主要传达各种语法意义或语气、感情。"

就语法而言,汉语中的虚词有着很重要的作用。汉语中有实词不"实"、虚词不"虚"的说法,因而如果将一个汉语句式中的实词去掉,通常不影响受众对句义的理解。例如:

> 一个人问另一个人要去哪里,另一个人回道:"去趟超市,牛奶正促销呢,特便宜,你不知道吗?"

这个回答其实已经去掉了几个实词，还原一下即可得到原句："（我）去趟超市，（超市）牛奶正在搞促销，特便宜，（难道）你不知道吗？"

在现实生活中，就像上面的对话一样，人们无意中会省略一些实词，但是这些被省略的实词，并不影响对方对话语的理解，即所谓实词不"实"。

二、虚词不"虚"

虚词在汉语中有很多用法，可表示并列、递进、承接等关系。所谓虚词不"虚"，用得好，的确是汉语中的典范，即使对于跨语境而言，也不失为正确用法，也会起到意想不到的效果。

例如：唐宋八大家之一的王安石在写作《泊船瓜洲》一诗时，写到第三句春风又（）江南岸，分别用了"到""过""入"，均觉不妥，最终用了个"绿"字，使整个诗文的意境顿时凸显，且语意生动新鲜，将江南岸边美景带入读者心中，不失为佳作。因"绿"字用得绝妙，读者都忽略了"绿"字前面的虚词"又"字。"又"表示再、继续之义，没有"又"字就没有"绿"字的意境。如果把"又"字去掉，就会发现"绿"字前面用哪个字都不如"又"字贴切，这也就是虚词不"虚"的体现。

而到了现代汉语中，虚词虽然只是一些"的、了、吧、不、也、吗、呢、哦、呦"等语气词，多做语气停顿和信息凸显的意思，但是执意删去的话，可能会使句子的句义呈现以及感情表现产生偏颇。

再次拿鲁迅散文《秋夜》那句经典的开头举例："在我的后园，可以看见墙外有两株树，一株是枣树，还有一株也是枣树。"这里面的"也"是一个虚词，而且用得很妙，有了这个虚词，不仅使句子的语气趋缓，还在一定程度上渲染了孤独的氛围，从而奠定了开头的感情基调。而如果将虚词"也"去掉，则变成"在我的后园，可以看见墙外有两株树，一株是枣树，还有一株是枣树"，不仅感觉是在重复之前的话，也没有之前那种氛围。

在鲁迅的短篇小说《祝福》中，有这样一个句子："她一手提着竹篮，内中一个破碗，空的。"读到这里，一种悲凉的感觉四散开来。这种悲凉，就是一个"的"字体现出来的，使读者仿佛看到了那种悲凉的画面。如果没有这个"的"字，那么句子就会变成"她一手提着竹篮，内中一个破碗，空"，变化一下就是"她一手提着竹篮，内中一个空破碗"。此时，悲凉的意境因为句子的平铺直叙全然不见。

第四节　跨文化汉语同义词差异性分析

在跨文化语境中，对汉语同义词展开国内外比较分析，能够为审视汉语跨文化逻辑中的偏误、词句误用问题提供关键切入点。

一、同义词

同义词，汉语词汇，指意义相同或相近的词，意义相同的同义词也叫等义词。

（一）辨析方法

（1）从感情色彩上进行辨析，也就是从词的褒贬义去辨析。例如，"顽强"与"顽固"，前者表示赞许，后者则表示憎恨。

（2）从语义轻重上进行辨析。例如，"破坏"与"摧毁"，前者程度浅，后者程度深。

（3）从范围大小上进行辨析。例如，"战争"与"战斗"，前者范围大，后者范围小。

（4）从具体与概括的差异性进行辨析。例如，"衣服"与"衬衫"，"衣服"是概括性的，指所有衣服，而"衬衫"是具体的，可以指长袖衬衫或短袖衬衫、男式衬衫或女式衬衫等。

（5）从对象的不同去辨别。例如，"沉重"与"繁重"，都有分量重的意思，但"沉重"指精神或思想负担重，而"繁重"则指工作、任务多且重。

（6）从普通话和方言来辨别。例如，"讨饭"与"乞丐"，分别是口头语与书面语；"爸爸"与"父亲"，分别是旧词与新词；"薪水"与"工资"，分别是外来语与本民族词；"盐"和"氯化钠"，分别是常用语和专业术语。

（7）从词语搭配进行辨别。例如，"发挥"与"发扬"。

（8）从缩减方面进行辨别。例如，清华大学和清华。

同义词的辨析无论在现代汉语词汇学还是古汉语词汇学中，都是一项十分重要的内容。同义词，除了有理性意义、词义范围、感情色彩、语体色彩等方面的不同，还有用法上的不同，而用法上的不同常表现在词语搭配上。

（二）语素方面的差别

在汉语同义词之中，构成成分有的有相同的部分，也就是说，一个语素与另一个语素相同，一个语素与另一个语素不同。语素与语素存在某些差别是因为其中有不同的语素。

在辨析同义词时，特别是在辨析意义上有一些细微不同的词的时候，可以利用这一个特点，注意其中存在的不同的语素。

二、福柯的跨文化语境

在福柯（Foucault）的"异托邦"哲学思想与比较文学的方法论思考之间建立一种新的联系是一件有意义的事情。福柯的"异托邦"思想的起源是和一个跨文化事件直接相关的。福柯阅读博尔赫斯（Borges）所引用的中国某百科全书中的"动物分类"是福柯提出"异托邦"概念的重要触媒事件。

任何话语、逻辑和范畴都是有界限的，出了这个界限它们就不再有效，所以如果想要以自我为中心来说明一切或者"同化"一切，是根本做不到的。要有一种自觉，接受一种界限和不可能。同时，在这种界限意识的基础上，人们会发现任何一种逻辑和思考都是文化建构的并且是正在建构中的。跨文化对话和比较文学甚至文学亦是如此，已经建构好的知识和话语的基础和逻辑、合理运作方式都是什么？当前，这样的考古学和谱系学的追问方式应该成为跨文化对话和比较文学研究的方法论基础。这样才能减少本质主义的蔓延而实现一种真正的多元化。"异托邦"理论表明了任何一种合理化都只是某种条件下的有限合理化运作而已，所以多样性才是一种更加合理的状态。

三、跨文化语境中同义词差异性分析

同义词是意义相同的一组词语，意义相同的同义词也叫等义词。以福柯的跨文化理论为例，同义词将意思相近的词排列组合在一起，如喜欢、喜爱等。从深层次来讲属于一种文化秩序的分类，中国的语言文化秩序如前面符号学所讲是规约性与理据性特征的，故将这些名词置于同一个分类中，代表着意义相同。也就是说，汉语的同义词是在国家自身的文化秩序元语言下形成的一种文化产物。

以"object"为例，在《现代牛津大辞典》中，"object"有三个意思：第一个是事物的心的存在；第二个是事物外在的存在客体；第三个是事物外在所表现出来的形态。在汉语里面，第一项与第三项所对应的是"客体"，第二项所对应的是"对象"。也就是在进行同义词语言翻译的同时，"object"在语言应用之中会有三种不同的表现，但是在中文里面只有两种语义。

同一个词已然如此，更何况其他的词。因此，就像非形式逻辑中所提到的，需要一个支援性叙述来说明为何会产生这样的问题。

笔者认为，最好的应用方式便是福柯的"异托邦"思想。福柯的"异

托邦"主要是在时空之中去探讨词与物的关系,在不同的时空大背景下所产生的意义可能会一样,也可能会不一样。需要注意的是,这样的相似或者不相似归根结底是因为分类、秩序、文化。

(一)分类

关于同义词的分类,汉语是将意义相同的词划分在一起,也就是内容(述符)一样,但是形式(空符)不一样。

首先将一组汉语同义词罗列出来:

(1)喜爱:对人或事物有好感或感兴趣。

(2)疼爱:关切喜爱。

(3)喜欢:对人或事物有好感或感兴趣;愉快,高兴。

(4)宠爱:(上对下)喜爱;娇纵偏爱。

(5)醉心:对某一事物强烈爱好而一心专注。

(6)爱好:对某种事物具有浓厚的兴趣,喜爱;对某种事物所具有的浓厚兴趣。

(7)喜好:喜欢;爱好。

(8)热爱:(对国家、人民、事业)热烈地爱。

(9)嗜好:特殊的爱好(多指不良的)。

(10)青睐:用正眼相看,指喜爱或重视。

在汉语里,喜爱、疼爱、喜欢、宠爱、醉心、爱好、喜好、热爱、嗜好、青睐这些词语可归结为同义词。

下面以英文为例,以内容为喜爱来看。

(1)like:作为动词时,可以表达喜欢的意思。例如:

to like:喜欢,喜爱。

但在口语中,年轻人也经常会说起它的另一个用法"像"。例如:

And he's like, "I don't believe it," and I'm like, "No, it's true". 然后他就这样说："我才不信"，我说"不，是真的"。

like 有两种含义，以书面语为主。

（2）be fond of：一般不会说 be fond of my friend，而是直接用 activities 表示喜欢某件事情。在这里，be fond of 对应的是汉语爱好。

（3）to be fond of：喜欢，爱好。

如果你对某个人有 romantic 的感觉，你可以说 I'm quite fond of her，意思是我很喜欢她。

to be fond of 在英语中，既表示喜欢与爱好，也指男女之间的喜欢。因此，其形式对应的内容不仅仅是喜爱。

（4）adore：喜欢某个人，尤其是可爱的小朋友，或是喜欢的宠物，都可以用这个词。

（5）adorable：可爱的。

（6）favor：这个词表示"喜欢"时，带有一些偏爱的感觉，表示比较之下喜欢什么。例如：

to favor：较喜欢。

Do you favor his proposition？你赞成他的主张吗？

（7）prefer 和 favor 类似，但这个词在口语中使用频率更高。

to prefer：更喜欢，宁愿。

Thanks for the tea, but I really prefer coffee. 谢谢你给我茶，但是我更想喝咖啡。

（8）fancy：英国人很喜欢用这个词，可以用来表示喜欢某人或某事，它结合了 like 和 want 的意思。例如：

to fancy：喜欢。

What do you fancy for dinner？你晚餐想吃什么？

I fancy Thai food. 我想吃泰国菜。

（9）dig：这个词美国人很喜欢用，适用范围也非常广泛。例如：

to dig：喜欢。

在和别人交谈的时候，不论对方说了什么，都可以附和说 Oh, I dig it，意思是噢，我喜欢。听起来也非常 casual，最好不要用在写作或正式场合。

（10）be into：喜欢人或者事都可以说。例如：

to be into：喜欢。

这个说法表示喜欢的程度很深，愿意投身于此：

I am so into studying English. 我真的很喜欢学习英语。

（11）be a fan of：还可以通过表示自己是某个事物的粉丝，来表示自己的"喜欢"。例如：

to be a huge fan of：是……的忠实粉丝。

关于喜爱，汉语和英语所展现的形式是不同的，内容虽然大体一致，但是仍然会出现多义性的内容或者内容涵盖范围的差异。因此，在跨文化语境之中，高语境汉语与其他语言文字相比，就同义词来讲，所涉及的文化内容更为丰富，涵盖的语义应用范围更大。

（二）秩序

在汉语分类的背后，是汉语言的元语言文化秩序。也就是说，高语境汉语逻辑的形成深受我国社会文化环境因素的影响，其中涵盖了包含中国历史在长期发展过程中所构筑的"整体语境场"的作用。

（三）文化

跨文化汉语同义词是跨文化语言文化交流的一个缩影。其实不仅是汉语同义词将"空符—述符"对应在英语同义词之中会有不同，其他语言同样适用。

词的形成背后蕴含着文化秩序网络格。它凭借历史承袭的习惯性、语言文化性质的无限演绎不断扩展，最终形成了当下的汉语文化姿态。正因为如此，中外跨文化语言交流，应求同存异，建立理想对话环境。在接受差异性的同时，减少语言传达的偏误，旨在促进汉语的国际交流与在世界的传播。

第五节 口语会话中的指称理解

语言是思维的产物，语言的背后是符号学背后的元语言文化秩序，不同特质的语言催生了形形色色的思维模式。

一、语言相对论

20世纪初，萨丕尔－沃夫假说提出，人类的思考模式受其所使用的语言影响，因而对于同一事物会因为不同的语言有不同的解读。萨丕尔提出，不存在任意两种语言可以足够相似的被认为是表征着同一社会现实，容纳着多个社会实体的世界，正属于各自区别的多个世界，而并非被贴上不同标签的同一世界。

萨丕尔认为不同的语种在认知促进方面发挥着不同的作用。笔者认为，所谓在不同的认知中，就是因为语言在思维为特定对象创建出独立的思维空间，让人能够在这样的文化背景下展开思考，进而发现，"不同"比起"哪个更好"是一个宽得多、有趣到不止一万倍的语言世界。

对于任何看似复杂的现象，先去追本溯源，设想其最初的样子，再于它的简单起源和复杂现状之间一步步勾画出逻辑线条，是较为科学而有效的方法。

二、指称

指称，单以这个动作来说，"指"即用手指明确地对准某物，"称"则涉及操作一整套的分音节，作为若干个辅音和元音的组合。

在实施指称行为之前，人的思维和感官便已对感觉和知觉进行着处理。在进行指称以后，思维眼中的指称为"符号—语义—语境"。其中，包含了四个要点：

一是符号作为一串发音，由语素组成，可长可短。

二是符号被用来感觉现实中具体事物的感觉或意象。

在凭借指称行为中，"指"促使视觉的注意焦点关注在某个具体事物，让这一具体事物从现实万事万物的背景中凸显出来，而"称"则是促使听觉的注意焦点被集中引向了"某一具体事物"的发音。

"指"和"称"同时发生，则促使注意力将发音和视觉意象拧到了一个焦点上，进而造成一组配对，其在索绪尔（Saussure）那里被称作能指和所指，在当代的认知语言学中被定义为"形式与语义/功能的结合体"，即所谓的构式。

三是被指称行为与符号的另一端的感觉或意象紧密联系，具备了"语义"身份。

某一具体事物的模样出现在人类的思维脑海中，属于简单的意象、联想，若是某一具体事物的发音也同时存在，则需要加上"语义"这一层身份。

四是语境，确切来讲是情景语境。

综上，我们可以归纳出两层互通的含义，即某一具体事物符号的使用背景和"该具体事物"语义所处的背景。前者源于人类的说话行为，后者源于外部世界本身。

根据上述四点所列，笔者总结了"语义中心思维"和"语境中心思维"，前者为英语的思维方式，后者为汉语的思维方式，同时，两者对应人类学家爱德华·霍尔（Edward Hall）于《超越文化》中所提的低语境文化（low-context culture）和高语境文化（high-context culture），属于当中更为确切的语言学诠释。

第五章　汉语的否定表述逻辑

第五章　汉语的否定表述逻辑

在汉语表述中，否定表述是一种常见的表述方式。相较于肯定表述而言，在语言环境所体现的文字信息中，否定句更能突出汉语的逻辑性和表达者的逻辑思维能力。

本章，通过汉语否定表述的逻辑内涵，以及显性否定、隐性否定的语义表述，来阐释否定句式在汉语表述中的逻辑表现。通过否定表述和否定句式中的副词、介词的逻辑分析，解释否定表述的相关偏误分析结果，从而进一步了解高语境文化语言特别是汉语否定表述的逻辑。

第一节　否定表述中的逻辑内涵

在现代汉语中，句子中往往蕴含逻辑判断。这种逻辑判断是思维形式的一种，依照语义划分，可分为肯定判断和否定判断，也就是肯定句和否定句。两者是一种语义相对的句式，而否定句通常是用否定副词来表述否定的意义，因而在判断否定句式时，通常情况下是看句式里面有没有否定副词，但这样的判断显然并不是绝对的，还要看否定副词是不是对句子中谓语的否定，否则难以界定其是否属于否定句。

相较于肯定表述而言，否定有着独特的表现手段。它从语句形式以及语句意义上，都有着较复杂的呈现，其表述的逻辑，在特定的语境环境和词语顺序中，都有不一样的呈现。

本节通过对否定表述句式的逻辑例证、形式判断、属性，介绍否定表述中的逻辑内涵。

一、否定表述中的逻辑例证

在现代汉语中，对否定表述句式的研究，仍是以句子里是否有否定副词，或者是否有否定语气来判断。这种判断略显单一，甚至有些以偏概全的成分。做句式判断，应加上对其表述的逻辑内涵进行分析，特别是否定句式，其表述形式多样，不能再以否定副词和否定语气去判断，要在否定表述所蕴含的逻辑内涵中去研究和探寻。

（一）例证一

在汉语表述中，我们可以将一个句式看作一个选题，用一个简单的符号"Q"来表示，那么肯定即表示为"Y"，否定即表示为"N"，见表5-1。

表5-1　汉语否定表述逻辑例证（一）

Q（他喜欢花）	QY（Q+Y）	QN（Q+N）
Y（是）	他（是）喜欢花	他（不、没有）喜欢花
N（不、没有）		

（二）例证二

既然相加成立，那么相减成立吗？

表5-2　汉语否定表达逻辑例证（二）

QY	Y	Q
他（是）喜欢花	是	他喜欢花
QN	N	Q
他（不、没有）喜欢花	不、没有	他喜欢花

在表5-2中，"他（不、没有）喜欢花"中的否定词"不、没有"被提取后，还变成了5-1中的肯定句式"他喜欢花"。因此，这个公式是成立的。

(三) 例证三

由此可见，否定词可按否定形式划分为由否定副词构成的和由否定动词构成的两类，否定副词有"不、没有、没"等，否定动词有"无、否、岂能"等。以否定动词"岂能"为例进行例证，见表 5-3。

表 5-3 汉语否定表述逻辑例证（三）

QN	Q	N
我岂能为这件事生气？	我为这件事生气	岂能

在表 5-3 中，表示否定意义的"岂能"从句子中被提取了出来，变成了肯定句式，证明了公式的成立。因此，从否定表述中的逻辑内涵角度来观察的话，反问句和反问语气就会呈现。由此可见，反问句是一种特殊否定形式的句子。

二、汉语否定形式判断

通过看否定副词、否定逻辑、句式语气可不可以判断否定句呢？下面一一分析。汉语否定形式示意，如图 5-1 所示。

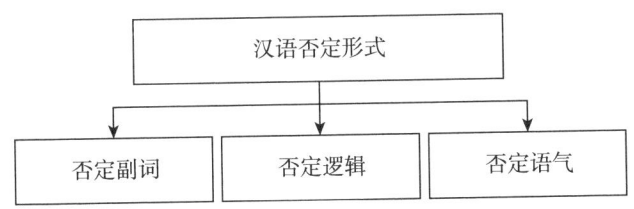

图 5-1 汉语否定形式示意图

（一）否定副词

仅看否定副词，则不能对否定句式作出最佳判断。例如：

>   这件事你做得令人好不恼火。

这个句子中虽有否定副词"不",但它并不是一个否定句。

(二)否定逻辑

如果从意义方面去分析,那么必须看否定表述中的逻辑内涵。因为有些句式从语言和话语的角度看是一个否定句,但是了解其逻辑表述后,从其呈现出的意义来看就是一个肯定句。例如:"印度不是世界上人口最多的国家。"

从句子逻辑去分析,在这个世界上,印度虽然人口众多,但它并不是世界上人口最多的国家,所以这句话的表述的逻辑内涵实际是一个肯定句。

(三)句式语气

如果看语气,一般的句子按语气有陈述句、疑问句、感叹句、祈使句之分,却没有否定语气和肯定语气之分。因此,从语气标准去判断也是行不通的,这种判断也会影响对否定句子的理解。

三、否定表述的属性

在汉语言中,否定句式的研究一直以来都是专家学者的焦点。否定句式有着较为复杂多变的特点,按其表述的属性分类,又分为"显性结构否定句"和"隐性结构否定句",简称"显性否定"和"隐性否定"。"显性否定"指用否定词来实现表达否定意义的功能,与之相对的"隐性否定"指不用否定词但可以由语义和语用推导出否定。这也是汉语否定句式结构的魅力所在,汉语否定表述示意,如图 5-2 所示。

第五章 汉语的否定表述逻辑

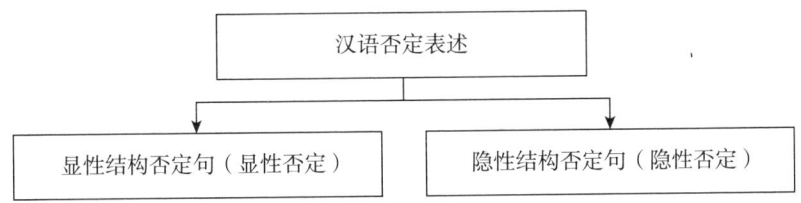

图 5-2 汉语否定表述示意图

在汉语中，否定句的句式、句法、语义和语用，都有着各自的类型及性质，否定词与其他语法也在相互影响。显性结构是句子采用了"不"和"没有"等否定性词语，因此下面的举例多数都会采用"不"和"没有"进行验证，以判断一个句式是否可以采用"不"和"没有"。而隐性结构表述通常含蓄婉转，不像显性否定表述得那么直接干脆，而是用一些特定词组委婉表述否定。结合语境和语义不难发现，这种委婉相较于显性而言，带有强烈的感情色彩，凸显了句式语义的强调作用。

第二节 显性否定的语义表述

"显性否定"是一种特殊的语言表述，是含有否定词的否定。"显性否定"和"隐性否定"一直是语言学研究的热点问题之一。本节借助副词性状语、形容词性状语，以及"不""没有"之类否定表述，对显性否定句进行深入探讨，旨在解释显性否定语义所要表述的含义。

一、副词性状语的否定表述

在现代汉语中，否定表述一般采用在相关词语前加否定词的方式，呈现矛盾和否定之意。例如：

你跳得真高。

这句话的否定表述如下：

你跳得真不高。

由此可见，只一个"不"字，即可表示否定，这是一种显性的状态，"高"与"不高"是谁都能从词语上读出来的直观感觉。

在现代汉语中，句式特别是否定句式经常被人使用。否定句式有其复杂的功用，这体现在否定句式的句法、语义、语用等元素上。而在状语和定语，也就是谓词性偏正结构和体词性偏正结构的修饰上，否定句式的否定词只会对状语进行修饰，却不会对定语进行修饰，这也就在模式上创造出了副词性状语的否定表述。

在否定句中，状语主要由副词、形容词和状态词，以及成语和一些固定结构充当。状词可以分为状态副词、范围副词和时间副词三类，如图5-3所示。

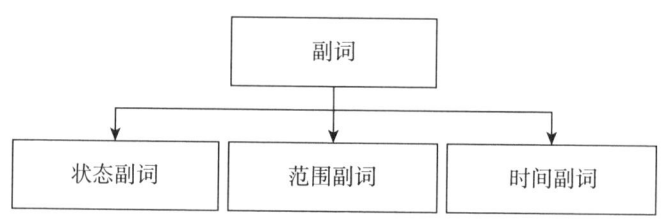

图5-3 副词分类示意图

（一）状态副词

在汉语的否定句中，形容词重叠做副词可表示状态，因而也称状态副词，在句式中即使加上"地"，也只能做状语。例如：

你不快快地跑的话，就不能追上他。
你要是不牢牢地握紧，这个机会就溜走了。
他如果不轻轻地关上门，就会吵醒屋里的其他人。

（二）范围副词

在汉语否定句中，表示范围的副词又分为前指副词和后指副词。

1. 前指副词

由前指副词构成的偏正结构一般不受"不/没有"的否定，除非有强调标记词语说明这是否定句。例如：

这些人并不都是来参加博览会的。

这里的"并"是个语气副词，起到了加强否定语气的效果。

2. 后指副词

后指副词构成的偏正结构一般可以受"不"的否定，但通常不能受"没有"的否定。例如：

他只知道这里的菜卖得很便宜。

受"不"否定可以变成：

他不只知道这里的菜卖得很便宜。

如果将"不"变成"没有"则变成：

他没有只知道这里的菜卖得很便宜。

但这显然是个病句。因此，可以看到后指副词构成的偏正结构不能受"没有"的否定。

（三）时间副词

由时间副词构成的偏正结构能不能被"不、没有"两个词否定，在一定程度上还是取决于时间副词本身表示的时态。比如，"立刻""马上"等是可以受"不、没有"否定的。例如：

你们马上下楼集合拍大合影。

如果被"不、没有"两个词否定，则可以变成：

你们没有马上下楼集合拍大合影。

有一些表示已经发生过的时间副词，诸如"刚刚、已经、从来、偶尔"等，由它们构成的偏正结构不能受"不、没有"否定。例如：

她曾经来过。

受"不、没有"否定，则变成：

她没有曾经来过。

这种时态表述显然又是一个病句，因而上述时态副词不能被"不、没有"否定。

"老、时常、一直"等时间副词，蕴含着已然变化的时态，由它们构成的偏正结构也不能受"不、没有"的否定。例如：

他一直偷偷地看着那个人。

受"不、没有"的否定，则变成：

他没有一直偷偷地看着那个人。

这种表述很含糊，只有在事态副词前加上"并、也"做强调，才能被否认。例如：

他并不一直偷偷地看着那个人。

二、形容词性状语的否定表述

由形容词做状语构成的偏正结构，可以受"不"与"没有"的否定。例如：

他飞快地跑过去拍照。
他小声地读着书上的每一个字。

受"不"与"没有"的否定，则变成：

他没有飞快地跑过去拍照。
他没有小声地读着书上的每一个字。

（一）状态形容词

由状态形容词做状语构成的偏正结构一般也不受"不"与"没有"的否定。状态形容词是形容词的一种，是表示事物状态的形容词，不能受否定副词"不"及程度副词"很"的修饰。它具有明显的描写性，其中有许多是重叠式的和带生动后缀的，如"碧绿""冰凉""通红""白茫茫""黑乎乎""歪歪斜斜""可怜巴巴""灰不溜秋"。例如：

> 小狗可怜巴巴地看着主人吃饭。

受"不"与"没有"的否定，则变成：

> 小狗没有可怜巴巴地看着主人。

"不"与"没有"不能否定由状态形容词做状语的偏正结构的原因，通常是因为状态形容词一般是由性质形容词通过重叠而造成的，重叠式状态形容词的语法意义中都蕴含着一种加重或者轻微的量的概念，否定词所蕴含的量趋近于零，因而这两种量是不相容的。

（二）成语或者其他固定结构

由成语或者其他固定结构做状语的偏正结构的否定，不受"不"的否定，但可以受"没有"的否定。例如：

> 他无忧无虑地过着快乐的童年。

受"不"的否定，则变成：

> 他不无忧无虑地过着快乐的童年。

受"没有"的否定，则变成：

> 他没有无忧无虑地过着快乐的童年。

显然能受到"没有"的否定。

（三）地处性成分或者含有周遍性意义的处所

由地处性成分或者含有周遍性意义的处所状语构成的偏正结构，一般也不受"不"与"没有"的否定。例如：

你们到处地乱跑。

受到"不"与"没有"的否定，则变成：

你们不到处地乱跑。
你们没有到处地乱跑。

由此可见，在以上的例子中，有些否定句的变化阻碍了人们对否定句合格性的判断，因而还得结合前后语境和语义作出判断，这大体能说明一个否定句式在无标记的语义否定的情境下应该是不合格的否定句式，反之，则有可能是合格的否定句式，是可以被否定词所否定的。

因此，一个偏正结构的否定句式中的否定表述是否合格，不仅与状语有关，还与这个否定句呈现的语式有关系，因而断定一个否定句的语法、语义、语用才是判定一个否定句合格的关键，而非用"不、没有"去生套。同样，偏正结构能否被"不"和"没有"否定，还要看状语是何语态，包括时态副词的特征表现，但是这也不是判断的全部依据，还要看这个时态副词的表述意义，而这些也就是汉语中否定语句的独特魅力。

三、"不""没有"类否定表述

在现代汉语中，否定词不仅有"不、没有"，还有诸如"不要、非、不用、无、还未"等，而就语义去理解，不管是"不要、不用"还是古汉语中的"非、弗"其实都表示"不"的意思，而"无、未、还未"都

高语境语言中的逻辑学运用

表示"没有",因而可以将现代汉语否定词分为"不"类否定词,"没有"类否定词。

(一)"不"类否定词

常见的否定句式中都有否定副词"不"出现,让人从类似于判断肯定句的感觉上直接判断否定句。例如:

我不是从那里来的。

1. 副词做状语

当副词做状语,"不"的位置就有些复杂了。

(1)位于副词后。例如:

她昨晚一直没回来。

(2)位于副词前后均可。例如:

这里好像不安全。

(3)位于副词之后。例如:

这件事你不立即交代的话会对自己不利。

2. 形容词做状语

形容词做状语,"不"放在形容词前。例如:

你再不承认就没机会了。

3. 介词结构做状语

介词结构做状语时,"不"既可以放在介词前,也可以放在介词后。例如:

他与他们不认识。

4. 助动词做状语

助动词做状语时,"不"放在助动词前面。例如:

我根本不想搞这么复杂。

5. "不"独立成句

"不"独立成句,语义对上文进行否定回答。例如:

一个人问另一个人:"我开窗户的话你觉得阳光刺眼吗?"
另一个人回答:"不,其实阳光很柔和。"

又如:

一个知县问衙役:"我书桌上的签筒你动了?"
衙役赶紧回答:"不不不,大人,我没有动签筒。"

6. 否定副词"不"的前后紧跟程度副词。

在句式中,否定副词"不"的前后紧跟程度副词。例如:

我不想让别人认为我的成绩很差。

7. 类否定副词

在句式中有"别、不要、不用"类否定副词。例如：

你别再缠着我了！
你不要总是缠着我了！
你不用跟着我。

这些否定词表示使（某件事情）不再发生的意思，有加以制止的感情色彩。因此，如果听到有人这样说话，代表是真的有强烈"不"的感情色彩，那么最好还是保持距离，否则都会很尴尬。

（二）"没有"类否定句

1. "没""没有"

"没""没有"两者语义相同，放在否定句式里表示的是一种句义。例如：

这事儿不是你干的吗？
这事儿你干过没有？

2. "没有"做状语

"没有"做状语，放在谓语前，即表示否定某种事物的发生。例如：

我发誓我没有走进那间屋子。

3. 形容词做状语

形容词做状语，"没有"放在形容词前面。例如：

我真的没有多停留哪怕一分钟。

4.介词结构做状语

介词结构做状语，"没有"既可放前也可放后。例如：

我今天一次也没有玩手机。

第三节 隐性否定的语义表述

"隐性否定"也是一种特殊的语言结构，体现了不用否定词但可以由语义和语用推导出否定意义。交际的双方在特定的语境中会使用一种含蓄、委婉的肯定方式来表达否定的意图，以达到劝阻、拒绝等否定效果，使另一方终止正在或即将进行的行为，最终避免消极结果的出现。目前，隐性否定问题的研究已经越来越受到人们的关注，本节即从隐性否定表述句式和问句表述两个方面，来具体分析汉语隐性否定的逻辑表述。

一、隐性否定表述句式

汉语的隐形否定就是在没有明确的否定词的情况下词语却具有否定词的意思。诸如防止、避免、怀疑、提防、妨碍、以免、杜绝、难免等，当然还有反问句结构"难道……"，这些都能表示汉语的隐性否定。而隐性否定的表述需要读者带有一些分析的成分，其本身可以分析出一个相近的否定表述。例如：

他拒绝承认扔了这张纸。

在理解上，换成一个相近的否定表述，则变成：

高语境语言中的逻辑学运用

他不承认扔了这张纸。

在汉语否定句式中，隐性否定的词义出现的语义溢出和词汇实现，使句子中出现一明一暗两个否定性词语，而明的否定词语往往是冗余的，其只是暗的否定词中的隐性否定意义的词汇实现。对于句式中出现的冗余否定的动因，这种现象广泛出现在不同语言中，让原来的句子中含有否定之意却又没有明显表述出来。

相较而言，英语中的否定词"not"直接表示否定，因而在整个英语语句中看到"not"即可以分析出这个句式的否定意向。但是在汉语的隐性否定句中，只能通过出现的隐性否定词，去判断这个句式为否定，这通常需要汉语逻辑判断思维。

1."防止"类隐性否定动词

"防止"类隐性否定动词有"防止""防范""制止""妨碍"等，它们都含有某种否定性语义。例如：

我们要遵守交通规则，防止交通事故。

这些是动词语义结构中语言层面的否定。这些动词虽然具隐性的否定意义，但是其否定意义并不能直接溢出，无法在表层的句法结构中实现。因此，那些不及物动词就不能作出表现。

抽象地看，"防止""防范""制止""妨碍"等隐性否定动词的意义可以概括为"使某件事情不发生"的语义，尽管词语中并没有"不""没有"等否定形式，但是其中所体现的否定意义却十分明显。从语义分析来看，可以表示为否定操作，即"不"+使某种事情发生。由此可见，在这类词语的语义结构中，如果对隐性否定动词进行否定，那么会出现"不"+隐性否定动词的这种否定格式，也就是表示"使某件事情发生"的意思。因此，借助这种隐性否定对于动词的断言的改变作用，我们可以判断出一个句式中隐性否定动词的隐性否定意义。

2."避免"类隐性否定动词

"避免"类隐性否定动词有"避免""以免""难免""免除"等,它们都蕴含某种否定性语义。例如:

> 要坚决避免灾害的再次发生。

句意的隐性否定表示:

> 要坚决避免灾害的不再发生。

这个"避免"类隐性否定动词句式就如同上面的"防止"类隐性否定动词一样,是比较简单的判断否定句式结构,"防止"和"避免"中的隐性否定语义不必要溢出,因为如果溢出则成为否定副词,语义便可能与动词中的隐性否定意义相互抵消,造成表述错误。

由此可见,想要严格地限制隐性否定的语义溢出,是十分困难的。人们对汉语否定表述中的隐性否定表述的语义溢出所造成的冗余性否定句的认识,往往很难一致。因此,在交际中,人们往往担心隐性否定动词表达的隐性否定意义被忽略,所以就在隐性否定动词后面的谓词性宾语中加上否定词,用来强调句式或者特殊词汇所表达的否定含义。但是,在汉语的语境逻辑下,这种做法和这种表述其实是有些冗余的,而听者要根据听到的句式中的隐性否定词汇即时判断出这个句式的否定含义以免造成语义矛盾,这就需要听者对句式进行逻辑分析,在语境下断定其是否为真实的否定。其实这也就是汉语否定表述的逻辑所在。

3."差欠"类隐性否定动词

常用的"差欠"类隐性常用否定动词有"差""欠""缺少""缺席"等,这些词汇都蕴含否定性语义。例如:

> 我就差三页就写完这份报告了。

这句话里的"差"就是缺少的意思。

这些动词表示的意义可以概括为"不"+有/够,这种动词内部的隐性否定意义对于动词外部的否定十分敏感,通常是内外两种否定意义正好相互抵消。而"不差""不欠"的意思有"够"的意思,"不缺少""不缺席"可理解为"有""具备"。因此,在隐性否定动词层面上可以断定,隐性否定动词的隐性否定意义是动词结构断言层面上的否定表述。

由此可见,在"差""欠"等带有谓词性宾语的情况下,其隐性否定意义一般是可以溢出的。以上面的"我就差三页就写完这份报告了"为例,其否定表述:

> 我这份报告就差三页没有写了。

表示这个事情还没有完成。由此可见,"没有"可以看作"差""欠"的隐性否定意义的间接性,这种间接性表现了一种显性实现的意义。也就是说,"差""欠"的隐性否定是在断言层面上的,但这种隐性否定意义的溢出还可以借助于动词的推论意义来实现。

4. "拒绝""否认"类隐性否定动词

"拒绝"类常用动词有"拒绝""抗拒""抵制"等,"否认"类常用动词有"否认""反对""抗议"等。这些词汇都蕴含某种否定性语义。例如:

> 他不否认这句话,但也不拒绝这个结果。

在这句话中,"否认"表示对于对方的不承认,"拒绝"则表示对于对方的某种行为或者某种提议的抵触。从意义上看,"否认"可概括为"不"+承认做过某种事情的模式,"拒绝"可概括为"不"+接受的模式。

这些动词的内部否定意义对于动词外部的否定很敏感，进而使内外两种否定意义也可相互抵消。于是，这个句子中的"不否认"的意义是"承认"，"不拒绝"的意义则是"接受"。因此，可以断定，上述否定动词中的隐性否定含义，是这些动词的语义结构中断言层面的否定。

由此可见，"拒绝""否认""抵制"等隐性否定动词是对言语行为的抵触性反应，因此它们在隐性否定及其造成的否定性推论意义及其溢出方式上，都有一定的相似性。这些动词的隐性否定意义是在其断言层面上，但最终溢出的否定意义是在其推论层面上。推论层面上的隐性否定最终可以实现语义溢出，并呈现在表层结构上。

5. "小心"类隐性否定动词

"小心"类常用动词有"小心""当心""留心""留意"等，它们都蕴含某种否定性语义。例如：

> 黑暗中走路，一定要当心脚下。

在这句话中，"当心"表示人要把精力集中到某种事物、行为、事件或者某个方面上，以防止危险、错误等事情的发生，可以概括为"集中精力致力于某个方面"，也可将其意义概括为"不"+发生不如意的事情。也就说明，只有"集中精力致力于某个方面"，才是"小心"类动词的断言意义。也可以说，在语言中，"集中精力致力于某个方面"和"'不'+发生不如意的事情"之间是一种充分必要条件关系，表现为"集中精力致力于某个方面"若为真，那么"'不'+发生不如意的事情"为假。换个逻辑理念，则可理解为"'不'+发生不如意的事情"是"集中精力致力于某个方面"的规约性含义，进而使内外两种否定相互抵消。于是"不小心"的意思就是"不集中精力致力于某个方面"，那么势必会导致"不如意事情"的发生。

由此可见，"小心"类动词中的隐性否定是隐含层面上的。将"小

高语境语言中的逻辑学运用

心"类动词用于祈使句,可以表示提醒,即说话人提醒听话人要把精力集中到某个方面。在这种情况下,语用推论意义中的隐性否定可以溢出表现,做否定性助词,表示为"不要""别"等。例如:

下大雨了,大家一定要小心滑倒。

用"不要、别"来表示:

下大雨了,大家一定要小心别滑倒。

在宾语中加否定助动词"不要""别",表示提醒,也就不会引起语义的理解偏误。

6."后悔""责怪"类隐性否定动词

常用的"后悔"类动词有"后悔""懊悔""反悔""悔恨""懊恼"等,常用的"责怪"类动词有"责怪""责备""批评""指责""指摘""斥责""叱责""可恨""怨恨""抱怨""埋怨""不满"等。它们的词汇意义蕴含某种否定性语义。例如:

真的后悔答应了这件不该答应的事情。

抽象地看这些动词,其都有对动词语义涉及的某种事情的否定性评价意义,可以概括表示为"不该"+发生某种事情。这种否定性的主观评价意义是这些动词的词汇预设,这种隐性否定意义可以利用显性词汇形式来呈现,并在由这种动词构成的有关句子中跟动词共现,而在句式中,即使对这些动词进行否定,这种否定评价意义仍然作用于隐性否定的意义中,并可以保留。

当"责怪""后悔"类隐性否定动词带谓语性宾语时,这个谓词性宾语则指代某种不如意或不该发生的事情，这种不如意或不该发生的事情已带有已然性的体态特征，因而通常需要有表示现实意义的体态助词"了"。

7."怀疑"类隐性否定动词

"怀疑"类常用动词有"怀疑""疑心""疑惑"等，它们都蕴含某种否定的语义。例如：

我很怀疑你说的这件事情的真假。

这句话中的"怀疑"可以概括为（有点儿+）"不"+相信的模式，其内部否定意义对于动词外部的否定产生了敏感的表述，进而使内外两种否定意义正好相互抵消，于是，"不怀疑"的意思就是"（有点儿）相信"。由此可见，句式中的否定性动词的隐性否定意义，只能溢出到该动词所支配的谓词性宾语中的有关谓词上。

二、问句表述

相较于肯定句，隐性否定问句表述，即否定句表述，往往较为含蓄委婉，句中不会特定出现否定副词"不"和"没有"，而是借助表示否定的特定词组来呈现。当然，这些词组是隐性的，所以需要通过语义、语气和语境来判断是否属于否定句。

1.反问表述

反问是一个很有意思的句式结构，在语境上会产生强烈的感情色彩，而被应用到否定句式中，更给人一种对否定含义的强化。例如：

一个交警拦住了一辆闯红灯的汽车，司机极力辩解，交警说道："你不要解释，难道你没有闯红灯吗？"

这句话一出口，相信司机已经听出交警看到了他的违章行为，因而也就不会再说什么了。

2.感叹句表述

感叹句在句式中本身就已有较为强烈的感情色彩，而用到否定句式中情感更甚。例如：

>一个家长辅导孩子学习，孩子老是记不住要写的字，家长有些生气，说道："你的记忆力是真好！写了多少遍就是记不住。"

这句话富有很强烈的感情色彩和情绪表达。

第四节　隐性否定副词的辩证逻辑

在现代汉语中，否定副词"不、没有"等出现，可以让人们直观地判断出句式是否为否定句式，虽然在之前的举例中，还有否定副词出现却不是否定句式的情况，但在日常对话和书面表达中，人们还是趋向于看是否采用了"不、没有"等副词。而"不、没有"等本身在词义上就表示否定，即作为显性副词出现较为常见。但是，在隐性否定副词的辩证逻辑，很少用到这些一眼即可看明白词义的否定副词。

本节通过隐性否定副词在汉语语句或者句式中的作用，以逻辑思维的方式，辩证阐述隐性否定副词的作用。

第五章　汉语的否定表述逻辑

一、隐性否定副词

(一)隐性否定副词"白"

1. 隐性否定副词"白"的多义

在现代汉语中，隐性否定副词"白"，具有隐性否定特征及语义、语用功能，使用时有截然不同的意义。例如：

> 这满朝文武，难道都是白吃皇粮的吗？

在这句话中，副词"白"的意义为无报偿，表示获益却没有付出。

> 迎春道："我们又不大会诗，白起个号作什么！"

这句话出自《红楼梦》，其中的副词"白"所修饰的事件"起个号"为平白无故地发生，没有缘由地发生，因而"白"的含义为平白无故地，是一种隐性否定副词的用法。而在《红楼梦》中，副词"白"的用法承袭了之前的所有用法。这也是隐性否定副词"白"的功能扩散。例如：

> 平儿见这样子，倒不敢再问，便又赔笑道："不是这么说。怕三爷要拿了去吓他们，所以白问问瞧见了没有，好叫他们找。"
>
> 袭人笑道："怎么人到了老来，就是混说白道的，叫人听着又生气，又好笑。"

这两句中的"白"所表达的含义不同：第一句的"白"表示特意，指"白"所修饰的事件的主体在完成事件时具有特定目的；第二句中的"白"表示不凭借其他方式。

2. 隐性否定副词"白"的语义特征

在汉语表达中,虽然副词"白"的用法和意义各有不同,但是其语义共通的特征就是"+否定"的作用。比如,"平白无故"中的"白"就指没有原因。在汉语中,副词"白"均隐含着这种否定性的特征,这是隐性否定副词"白"所有意义的核心概念基础。

其实,隐性否定副词"白"还有一项特殊功能,就是推演一个显性的否定式,并与之构成包含的关系。例如:

没几天,这帮人又找上门来,依旧是白吃白喝。

这个句子中的"白"指的是无代价,而"白吃白喝"指的是不掏钱就吃喝的行为。因此,"白吃白喝"可以推演出事件的实际情况是依旧没有付钱就吃喝,所以"白"的意义为"无代价",否定事件的前提。

通过分析可知,"白"具有隐性否定语义,它与隐性否定动词不同的是,"白"否定的对象既不是它的谓语性宾语,也不是它修饰的谓语。"白"具有隐性否定语义,因而它具有表达反预期的功能,具体表现在"白"修饰的动词性结构的前提或结果与说者的主观预期发生偏离。而对隐性否定副词的反预期性的识别和理解,又直接影响了听者对说者话语意图的理解。

(二)隐性否定副词"差不多"与"差点儿"

在汉语表述中,隐性否定副词"差不多"与"差点儿"都蕴含"接近动词短语(VP)"和"没有动词短语(VP)"这两种意义,只是意义的语义层次是不同的,并且不同的副词之间还有一些差别。因此,"差不多"与"差点儿"都只能做状语修饰谓词性成分 VP,所以要想理解"差不多"与"差点儿"意义的相同和相异,就要从两者的预设、推演、断言及情感意义上面来看。

第五章　汉语的否定表述逻辑

1. "差不多"与"差点儿"的预设意义

"差不多"与"差点儿"的预设意义相同，都是接近。例如：

>　　句子一：他的工资差不多有一万元。
>　　句子二：他的工资差不多有一万元，还差三百元。
>　　句子三：他的工资差不多有一万元，不，还差三百元。

句子一真实的条件是"他的工资接近一万元"，但是句子二出现了预设矛盾，结果导致整个句子出现反转，而句子三又通过"不"来进行语义的否定。同样句式放到"差点儿"上，也是可以说得通的。例如：

>　　句子一：他的工资差点儿有一万元。
>　　句子二：他的工资差点儿有一万元，还差三百元。
>　　句子三：他的工资差点儿有一万元，不，还差三百元。

2. "差不多"与"差点儿"的推演意义和断言意义

（1）"差不多"的推演意义和断言意义。"差不多VP"推演意义相对复杂，在不同语境条件下，可以理解为"没有达到VP""超过了VP""正好是VP"。例如：

>　　他的身高差不多有一米八。

代入"没有达到""超过了""正好"，则变成：

>　　他的身高没有达到一米八。
>　　他的身高超过了一米八。
>　　他的身高正好是一米八。

可见,"差不多 VP"的推演意义可以抽象概括为"不一定正好是 VP"。在其预设意义"接近"的限制下,这种抽象的概括可以在不同的语境中呈现三种意义,即"没有到达 VP""超过了 VP""正好是 VP",且三者推演意义的有限性是不同的,其关系的一般顺序为"没有到达 VP"大于"超过了 VP"大于"正好是 VP",越接近大的一方,其表达形式越会无标记,越接近小的一方,其表达形式越会有标记。例如:

古代的兵器差不多都是青铜做的。

在这个句式中,"差不多 VP"的推演意义中蕴含"不一定"的语义,所以可以跟"大概"等模糊词语共同出现。

"差不多 VP"的断言意义也是预设意义和推演意义的合取,表义为"接近 VP"但是"不一定正好是 VP",其中"不一定正好是 VP"对"接近 VP"的程度或数量且有语气限制,因而可以认为"差不多 VP"的断言意义的语义区间比较模糊,在通常情况下是在数量或者程度上接近,但不一定达到或者实现。

由此看来,"差不多 VP"中的隐性否定意义,首先是语义结构推演层面上的否定,是说者对其所传递的信息在数量上的确切性的否定性评价。因为"差不多"的断言意义是其预设和推演的合取,所以这种推演层面的否定也会上升到断言层面。

(2)"差点儿"的推演意义和断言意义。"差点儿 VP"的推演意义是"没有"。例如:

句子一:老鼠差点儿被猫追上。
句子二:老鼠没有被猫追上。

在这两个句子中,如果句子一是真的,那么句子二就是真的;如果句子二是假的，那么句子一也是假的。

由隐性否定副词"差点儿"的推演逻辑可知，前面条件真，则后面条件一定真；后面条件假，则前面条件一定假；后面条件真，前面条件不一定为真。代入句子中看，即使句子二为真，句子一也未必是真的，也许老鼠不是只差一点儿被猫追上。同时，这个副词又是一个概数表达，需要加入逻辑理解才能明白。

由此看到，"差点儿 VP"中的隐性否定意义，首先是语义结构推演层面上的否定，因为"差点儿 VP"的断言意义也是其预设和推演的合取的，所以也是在原有的推演层面上的否定上升到断言层面，并且受到"接近"这种肯定意义的限制。

二、副词内含的隐性否定及其语法效应

在现代汉语中，否定的语义范畴往往与其他情态范畴有着普遍的联系，就否定副词"不"而言，在表示否定的时候，与主观意志有关，如"我不去"的意思是"我不打算/愿意/准备去"。而否定副词"没有"只用于否定已经发生的动作和状态，所以更像一种客观的叙述。而有的情态，语气副词的意义中却包含着否定意义。例如：

他差点儿没赶上去北京的飞机。
他险些没赶上去北京的飞机。

隐性否定副词"差点儿""差不多""几乎""险些"等词义，可以概括为"某种/某件事情接近于发生，但终究没有发生"。因此，不论这些词语的构成成分中有没有否定语素，它们都直接或者间接表义否定。而当它们在句子中时，往往又可以像"不""没有"等显性否定副词一样。例如：

句子一：他赶上火车。

句子二：他差点儿赶上火车。

句子三：他没有赶上火车。

从以上句式可以看出句子一和句子二、句子三表达的意思不一样，而句子二和句子三表达意思相近，就辩证逻辑而言，如果句子一表义是真的，那么句子二和句子三的表义必然是假的。

第五节　与否定介词相关的偏误分析

在现代汉语句式表述中，否定介词的占比很大，其在句式中产生的作用，往往会造成一定的逻辑理解偏误，对此，本节以举例说明的方式，结合语句、语汇、语用，并冠以逻辑思维，将介词和否定介词的概念、结构和表现，以及否定介词产生偏误的原因进行具体分析。

一、汉语否定介词

在现代汉语句式表述中，肯定介词结构与否定介词结构相互对立，会产生差异，这种差异可以呈现为事件与活动、动作与状态之间的对立状态。现代汉语否定介词出现，与否定副词出现的形式一样。

对于中国人而言，人们熟悉自己的语境和语用，因而在使用否定介词与否定副词时，无论在语言话语还是书面语中都不可能用错，但对于学习汉语的外国人而言，便不太容易，使用中错误百出。

二、介词结构否定式的及物性表现

及物性体现在整个句式的性质中，不是传统意义上的"动词带宾语"，而是一个连续的认知，所谓及物性，指的是动作对于参与者所施加的影响或者处置力度的大小，主要包含三个关键要素，即一个有效力和两个参与者，结合三个要素表示出十项句法——语义参项，见表5-4。

表5-4 十项句法——语义参项表[①]

参项	高及物特征	低及物特征
参与者	两个或者更多	一个
动作者	动作	非动作
体貌	完成体	非完成体
瞬时性	瞬止的	非瞬止的
意愿性	意志的	非意志的
肯定性	肯定的	否定的
语气	现实的	非现实的
施动性	施事有效力的	施事无效力的
宾语受动性	受事完全被影响	受事不被影响
宾语个体性	高度个体化	非个体化

三、句法方面的问题

（一）否定词位置不当

否定词位置不当通常表现为否定词"不"的位置不恰当，从而使这些不应出现的否定成分处于否定的区域中。例如：

这件事为什么他对你们不说呢？

语义表现为这件事为什么他不对你们说呢？

---

① 赵彧.介词结构的否定位序类型与功能研究：以否定副词"不"的否定方式为例[D].上海：上海师范大学，2019.

（二）否定格式"不是"的误用

在否定句中，"不是"产生的误用，会直接导致句义产生偏误。例如：

> 这截砖墙不太高不是不太低。

不但语句读着很不通顺，还容易产生逻辑偏误，如果将"不是"产生的误用更正，则变成：

> 这截砖墙不太高也不太低。

可以看出，表示否定的并非必须套用"不是"，而是须看语境和语义表述，进而选择合适的词汇。

（三）谓词性结构类型的误用

谓词性结构类型的误用，指本该用补述结构表达的内容用别的结构来表达，引起组合式误用、宾语位置和类型方面的偏误。例如：

> 我们只知道不容易在大城市生活。

语义表现为我们只知道在大城市生活不容易。

（四）否定式述补结构能否带宾语

在否定式述补结构中，对于能否带宾语，可以带什么样的宾语或者哪些宾语不能带，并没有一个全面的解释。生活在汉语环境中的人不会在口语和书面语应用中出差错，但是学习汉语的外国人会常常出错。例如：

> 这个城市的人认不出来我是中国人。

语义表现为这个城市的人认不出我是中国人。

从这个语句中，我们可以看到否定式述补结构是跟带什么样的宾语有关的。

又如：

> 他病得厉害，整夜不能睡觉。

语义表现为他病得厉害，整夜睡不着觉。这样会比原句更自然。

（五）否定式表述中实体虚词的误用

在汉语中，用否定式描述状态变化的场合，通常需要铺垫一个表示实体意义的虚词，如果缺少虚词，这个句子给人的感觉会很不完整。例如：

> 你们三个谁也不闲。

语句变化为你们三个谁也不闲着。原句虽然表达完整，但读起来总有空缺感，铺垫上一个表示实体意义的虚词"着"，整个句子变得更具完整性和独立性。

（六）助动词有无失当

句子缺少助动词，本来要传达的情感意义便无法很好地呈现；有助动词，有时也会使语义冗余或传达模糊。例如：

> 我真不能理解他们这么做的想法。

看似没有语病的句子,如果去掉"能",则变成:

我真不理解他们这么做的想法。

这样的表述反而较为清晰。

(七)修饰语中的否定表述不当

在否定句式中,修饰语的否定表述不当,也会产生语序逻辑问题。例如:

他也不说地劳动。

正确的表述:

他也不说话,只在劳动。

(八)并列式的否定表述失当

汉语谓词性并列结构,是不能同时置于一个否定词之下的,会产生语义混乱、逻辑混乱。例如:

他这个人不喜欢做家务,也不喜欢收拾房间,扫地。

这是一个病句,原因是将"收拾房间""扫地"两个谓词性并列结构置于一个"不喜欢"里,产生了句子简化到混乱的情况。正确应为他这个人不喜欢做家务,也不喜欢收拾房间,也不喜欢扫地。

四、介词否定

（一）"按"类介词

在汉语中，"按"类介词有"按照""遵照""依照"等，这些介词构成的介词短语，可与否定词"不"组合构成含状谓语结构。这种结构在汉语中较为少见。例如：

> 清秋板着脸道："我又不是上庙出家，送什么？若是一起来我就不照规矩办，以后怎样对付别人呢？"

这是小说家张恨水《金粉世家》中的一句。文中的"不照规矩"是在介词"照"构成的介词短语前加否定词"不"组成的介词否定结构，因而可理解为要照规矩。

（二）"向"类介词

在汉语中，"向"类介词构成的介词句式，可与否定词"不"组合形成介词否定。例如：

> 这小贩只淡淡说声住在本县城里那条街，并不向他诉苦经，借同乡盘缠，鸿渐又放心、又感慨道："这人准碰过不知多少同乡的钉子，所以不再开口了。我真不敢想要历过多少挫折，才磨炼到这种死心塌地的境界。"

这是钱锺书所作的《围城》中的段落，在"向"类介词构成的介词句式前加否定词"不"，凸显了小贩的决心。

第六章　汉语的逻辑推理技巧

第六章　汉语的逻辑推理技巧

在日常的汉语对话中，我们的思维持续运转，自然而言就会引发逻辑推理，这是我们由已知探寻未知的重要手段。推理一旦开始，判断和结论便自然而然地出现了。判断是逻辑的重要部分，学习判断的有关知识是推理学习及掌握推理技巧的关键，而推理更是辨别真假的主要手段之一。本章从推理常见类型、三段论推理的一般规则、正确运用假言推理、正确运用选言推理、破斥二难推理的方法五个方面，重点释义逻辑推理的要素，以及汉语的逻辑推理技巧。

第一节　推理的常见类型

一、推理的基础知识

（一）推理的定义

推理，作为逻辑学中思维的基本形式之一，是由一个或者几个已知的判断（前提）推导出全新判断（结论）的过程，有直接推理、间接推理等。在日常生活中，人们会对事物形成真与假的判断。通俗地讲，就是根据一个或者一些判断得出另一个判断结论的过程。例如，小说是文学作品，有些小说是有科幻色彩的，所以有些文学作品是有科幻色彩的。

（二）推理的构成要素

任何推理都包含前提、结论和推理形式三种要素。前提是推理的已知判断，可以是一个、两个、三个甚至多个，它是推理的出发点，也叫依据。结论是依据前提推理出的新判断，是推理过程的结果。结论与前提之间存在推理判断的关系。推理形式，即由前提推导出结论所凭借的形式架构。

高语境语言中的逻辑学运用

学习推理，必须掌握各种类型推理的有效推理形式。只有这样，才能正确地利用推理相关知识，正确地通过推理作出判断。

（三）推理形式的有效性

推理最终是为了得到正确的结论，为保证结论获取正确，首先应做到前提真实、形式有效。前提真实是保证推理正确的出发点，形式有效是保证结论推理的正确性。这样的推理形式是合乎逻辑的。

1. 前提真实

前提真实说明前提正确，则推理形式有效；前提不正确，则推理形式无效。例如：

> 少先队员应该佩戴红领巾，他是少先队员，所以他应该佩戴红领巾。

在这个推理的形式中，两个前提都是真实的，因而推理的结论是真实的，推理的形式是有效的。

如果前提不是正确的，那么推理形式就是无效的。例如：

> 少先队员都是中学生，他是少先队员，所以他是中学生。

在这个推理形式中，第一个前提是不真实、不正确的，因而推理的结论也是不正确的，形式也是无效的。

2. 形式有效

形式有效说明推理由前提得到的结论是有效的，符合逻辑规律要求，因而以逻辑规律来判定，推理形式符合推理规则，则推理有效；推理形式不符合推理规则，则推理无效。例如：

　　学生应该做到上课认真听讲，他是学生，所以他应该做到上课认真听讲。

这个推理形式合乎逻辑规律，则推理是有效的。

总之，在进行推理时，要注意做到前提真实、形式有效两个方面，这样才能保证推理形式是符合逻辑规律的，是有效的推理。

二、推理的常见类型

推理有不同的常见类型。它可从不同角度、按照不同依据进行分类。

（一）必然性推理和或然性推理

推理按照前提与结论的联系性质，可分为必然性推理和或然性推理。必然性推理指凡是前提与结论有必然性联系，即前提蕴含结论、前提真结论一定真的推理。或然性推理指凡是前提与结论无必然性联系，即前提不能蕴含结论、前提真结论未必真的推理。

（二）演绎推理、归纳推理和类比推理

推理根据推理方向的不同，又分为演绎推理、归纳推理、类比推理。凡是由一般到个别的推理，叫演绎推理；凡是从个别到一般的推理，叫归纳推理，凡是从个别到个别，或者一般到一般的推理，叫类比推理。在这三类推理方向中，演绎推理和归纳推理中的完全归纳推理属于必然性推理，类比推理和归纳推理中的不完全归纳推理属于或然性推理，如图 6-1 所示。

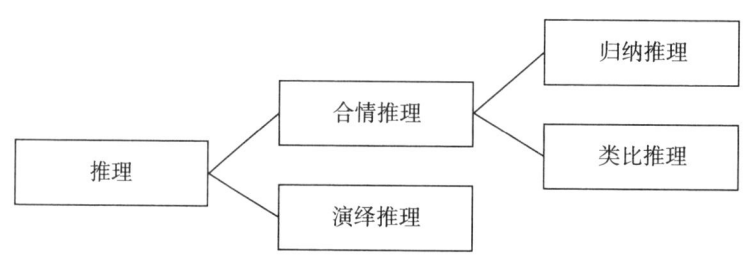

图 6-1　推理的分类示意图

（三）直接推理和间接推理

推理根据前提的数量，还分为直接推理和间接推理两类，凡是只有一个前提的推理叫直接推理，至少有两个前提的推理叫间接推理。

三、推理的形式

推理形式指前提与结论的命题形式之间的联结方式。推理形式可以简称为论式，在形式逻辑的基础上，它体现推理的前提与结论之间的逻辑关系。推理有内容和形式两个方面，推理内容是前提于结论的命题内容，也就是前提和结论对具体事物情况的反应。普通的逻辑研究推理，一般只研究推理的形式，而不研究推理的内容，即只着重探讨推理形式的有效性，以及与之相关的结论的可靠度。

推理形式的有效性和可靠度，是推理具有的两个逻辑性质。有效性是看能不能从真前提必然得出真结论的推理形式，能即有效，不能则无效。

推理形式有效性判定，是逻辑学的中心课题，也是普通逻辑推理的核心问题。

第二节　三段论推理的一般规则

三段论推理的一般规则，源自三段论的定义及其结构组成特性，因而本节将针对这些方面展开分别论述。

一、三段论的基础知识

（一）三段论定义和组成

三段论推理是演绎推理中的一种简单推理判断。它包括三个部分：一个包含大项和中项的命题，也就是大前提；一个包含小项和中项的命题，也就是小前提；一个包含小项和大项的命题，也就是结论。三段论实际是以一个一般性原则，也就是大前提，以及一个附属于一般性的原则的特殊化陈述，也就是小前提，由此引申出一个符合一般性原则的特殊化陈述，也就是结论的过程。在数学证明、办案、科学研究等思维活动中，三段论是一种重要的科学思维方法，能够帮助人们推导出正确的结论。三段论是演绎推理中的一种正确思维的形式。

（二）三段论的格与式

1. 三段论的格

在三段论中，语言的描述顺序，决定了大项"P"、中项"M"、小项"S"的位置，因而三段论可分为以下的格，见表6-1。

高语境语言中的逻辑学运用

表 6-1　三段论的格

项目	第一格	第二格	第三格	第四格
大前提	M—P	P—M	M—P	P—M
小前提	S—M	S—M	M—S	M—S
结论	S—P	S—P	S—P	S—P

2. 三段论的式

三段论的式是三段式大前提"E"、小前提"A"和结论"O"因质量的不同，而形成不同的三段论形式。

就三段论的格而言，同一格的三段论也有一定的差异，即前提和结论中所涉及量词（全称、特称）和质（肯定、否定）是不否定的，这也就是它们的"式"的不同。

（1）三段论的可能式和有效式。在三段论的每一格中，A、E、I、O四种判断都可以分别作为大前提、小前提和结论，但是三段论的可能式并不都是有效的，三段论的可能式都可以依据一般规则或各个格的具体规则判定是否有效，因而形成了多个可能式和有效式，见表 6-2。

表 6-2　三段论的可能式和有效式

第一格	第二格	第三格	第四格
AAA	AEE	AAI	AAI
EAE	EAE	EAO	EAO
AII	AOO	AII	AEE
EIO	EIO	EIO	EIO
（AAI）	（AEO）	IAI	IAI
（EAO）	（EAO）	OAO	（AEO）

在表 6-2 中，5 个带括号的为弱式，即只得出了特称的结论。因此，

此三段论共有19个有效式,其是验证一个三段论是否有效的重要依据。

(2)三段论的省略式和恢复。三段论的省略式是一种三段论所特有的情况,汉语的日常语言表达,省略了大前提,或者小前提,或者结论的三段论,被称为是三段论的省略式。因此,在判定三段论省略式的有效性时,要先应填充省略的部分,将三段论的完整性展现出来。

首先,应该确定已有的两个判断是前提还是结论,若两个已有的判断都是前提,可补充结论部分;若两个已有的判断一个是前提,一个是结论,那么需要补充一个前提部分,这两种补充的部分都要建立在对三段论的形式和具体内容的分析上,需要运用思维逻辑的判断,因而补充起来并不容易。但是,要判定已有的判断是前提或者结论是较为容易的,只需看其中的表示因果承接的词语即可,如"所以""因此""因而"等,在这些词语前面的即为前提,后面的即为结论。不过,要想确定省去的前提或者结论的词项和质量,还是较为复杂的,需要掌握三段论的格式知识和具体内容才行。

二、三段论的规则

三段论的规则一般有7条。其中,前4条是基本规则,是关于词项的规则;后3条是导出规则,是关于前提与结论的规则。三段论规则是三段论正确形式的充分与必要条件,是判定三段论形式正确与否的标准。遵守三段论规则是保证三段论形式正确、有效的充分条件。因三段论有多种形式,以三段论的规则判断,符合规则的即为三段论的正确形式,不符合规则的,即为三段论的不正确形式,如图6-2所示。

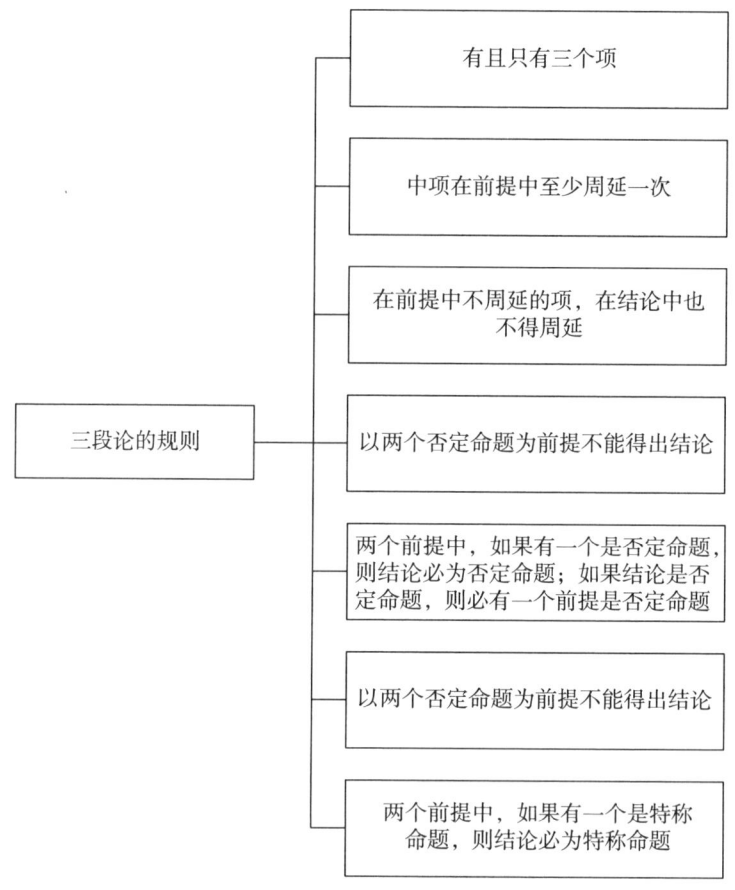

图 6-2 三段论的规则示意图

（一）规则一

在一个三段论中，有且只有三个项，即大项、中项和小项。

这条规则表示在三段论中，只能有大项、中项、小项三个项，且中项属于共同项。有了中项，大项和小项才能形成逻辑关系，从而形成结论。而如果一个三段论中只有两个词项或者出现了四个词项，那么中项无法让大项和小项产生逻辑关系，进而也就无法得到正确的结论。例如：

小狗是黄色的，黄色的是小狗。

第六章　汉语的逻辑推理技巧

小狗是黄色的，黑色的是小猫，所以小狗是小猫。

第一个例子属于只有两个词项"小狗"和"黄色"，没有第三个词项的出现，因为这样只是无意义地进行同一个句子的反复，不能形成新的结论。

第二个例子属于四词项（四概念）逻辑错误，中项无法让大项与小项产生逻辑关系，因而也无法得到正确的结论。

以上两个例子都是违反三段论规则的。

（二）规则二

三段论的中项在前提中至少周延一次。

中项在三段论中起到联系的作用，中项至少在大前提和小前提中周延一次。如果在两个前提中都没有周延，会犯"中项不周延"错误，那么大项和小项之间的关系便不能被确定，也形不成结论。例如：

内勤部门属于这个公司，甲属于外勤部门。

这里面的中项得不到周延，因而大项与小项无法产生逻辑关系，故无法形成结论。正确的应该是内勤部门属于这个公司，甲属于内勤部门，所以甲属于这个公司。这里的中项"内勤部门"进行了周延，因而"内勤部门"与"甲"就产生了必然的联系，成为一个正确的三段论。

（三）规则三

在前提中不周延的项，在结论中也不得周延。

这条规则说明前提中的大项与小项如果不周延，那么它们的外延就不会被判定。这样就造成了前后不一致的情况，会犯"大项不当周延"的错误或"小项不当周延"的错误。例如：

高语境语言中的逻辑学运用

> 甲是大学教授，甲是天津大学的，所以天津大学的都是大学教授。

这是典型的"小项不当周延"错误，中项与小项形成的小前提"甲是天津大学的"是肯定判断，"天津大学"在这个前提中并没有进行周延，因而在结论中也不能进行周延。

（四）规则四

以两个否定命题为前提不能得出结论。

这个规则表明如果两个前提都是否定命题的话，那么中项无法起到大项和小项联系的作用，大项与小项的逻辑关系无法产生，因而也就不能得出结论。例如：

> 老虎不是素食动物，而马不是老虎，所以马不是素食动物。

这两个前提都是否定命题，但是"老虎"作为中项无法使"素食动物"与"马"两个词项构成逻辑关系，而得到的"马不是素食动物"的结论是完全错误的结论，因而说明以两个否定命题为前提不能得出结论。

（五）规则五

两个前提中如果有一个是否定命题，则结论必为否定命题；如果结论是否定命题，则必有一个前提是否定命题。

这也就表明如果大前提是否定命题，那么根据规则四"以两个否定命题为前提不能得出结论"来判定，小前提就必须是肯定命题，小项与中项通过中项的联系就必然是相排斥的，因而结论必是否定的，反之亦然。例如：

A 不是全班的纪律委员，全班的纪律委员是 B，所以
A 不是 B。

（六）规则六

以两个特称命题为前提不能得出结论。

这里面有三种情况。

第一种，两个前提都是肯定前提，那么就要考虑中项的周延，如果不能出现周延，则违反规则三"三段论的中项在前提中至少要周延一次"的情况，其推理形式无效。

第二种，两个前提都是否定命题，则违反规则四"以两个否定命题为前提不能得出结论"，其推理形式仍为无效。

第三种，两个前提一个是肯定命题，一个是否定命题，则会出现违反规则三"在前提中不周延的项，在结论中也不得周延"，其推理形式无效，反之亦然。

因此，以两个特称命题为前提不能得出结论。

（七）规则七

在两个前提中，如果有一个是特称命题，则结论必为特称命题。

根据规则六"以两个特称命题为前提不能得出结论"，这里面也有三种情况。

第一种，两个前提都是肯定的。

如果两个前提为肯定命题，根据规则二和规则三的要求，则结论必为特称命题。

第二种，两个前提都是否定的。

根据规则四"以两个否定命题为前提不能得出结论"，其结论推理无效。

第三种，两个前提一个是肯定的，一个是否定的。

根据规则五"两个前提中如果有一个是否定命题，则结论必为否定命题；如果结论是否定命题，则必有一个前提是否定命题"，结论必为否定命题。又根据规则二和规则三的要求，因而结论必为特称命题。

规则五打破规则七为导出规则，是关于前提与结论的规则。

三段论的上述规则是确保三段论形式有效的基石。在进行逻辑推理时，只要遵守这些规则，就能从给定的前提中推导出正确的结论。而违反其中任何一条规则，就不是一个正确有效的三段论。

第三节　正确运用假言推理

假言推理是逻辑学和思维分析的基础部分之一，主要侧重基于特定的前提或条件进行推断。在现实生活和科学研究中，我们经常会遇到需要通过分析和推理来解决的问题，这时假言推理成为一种有效的工具。如何正确进行假言推理，避免逻辑错误，并使推理结果更接近真实情况呢？了解假言推理的基本概念和类型、掌握其构建和操作的基本步骤，以及了解其在特定语境特别是在高语境语言如汉语中的运用都是十分必要的。了解假言推理在实际生活中的应用实例和可能出现的误区与纠正方法，也有助于更有效和准确地进行假言推理，从而更好地解决实际问题。

一、假言推理的概念

假言推理是前提中至少有一个是假言判断，并且可根据假言判断的逻辑特性推出结论的推理。[①] 假言推理在逻辑学中占据重要地位，它主

---

① 徐丽华.言语幽默的逻辑视角研究[M].北京：北京时代华文书局，2017：109.

要涉及一种基于条件语句的推理方法。基于特定的前提或条件，假言推理尝试推导出相应的结论。这种推理方式广泛应用于各种场景，如科学研究、法律分析和日常决策等，其目的是通过现有的信息和条件，预测或解释某种特定情况的发生。

假言推理通常使用"如果……，那么……"的结构来表述。这种结构清晰地呈现了前提条件和可能的结果之间的逻辑关系，有助于更有效地进行推理和分析。例如，表述形式可以是"如果明天下雨，那么比赛将被取消"。这里的前提条件是"明天下雨"，而结论是"比赛将被取消"。

二、假言推理的分类及应用

在对假言推理进行深入探讨时，理解其分类是至关重要的。假言推理可以分为充分条件假言推理、必要条件假言推理和充要条件假言推理三种。

（一）充分条件假言推理及应用

充分条件的假言推理是前提中有一个充分条件的假言判断和一个直言判断，依据充分条件假言判断前、后件之间的逻辑关系推出结论的推理。[1] 这个逻辑工具展示了前件与后件之间复杂且微妙的逻辑联系。为了更清晰地解释这种联系，假定一个情境：当前件充当后件的充分条件时，这意味着只要前件存在，后件必定会发生。但在一个环境中，如果前件并没有出现，后件可能有机会出现，也可能完全不会出现。反观之，后件对于前件则作为一个必要条件。这个逻辑关系告诉我们，若后件不存在，那么前件肯定不会出现。与此同时，单纯有后件的存在，并不能保证前件也会随之出现。这是因为在某些情境下，后件可以独立于前件出现。

---

[1] 刘雪春. 实用汉语逻辑[M]. 合肥：安徽教育出版社，2003：197.

在特定的逻辑框架中利用充分条件下的假言推理，必须严格遵守以下规则：第一，只有在确认前件的情况下，可以确定后件的出现，而当后件被否定时，前件也必须被否定；第二，无论是对于前件的否定还是对后件的确认，它们对于对方的影响并不是绝对的，因而在做逻辑推理时，需要在这一点上保持足够的警觉和开放性。

充分条件假言推理有肯定式和否定式两种正确的推理形式。充分条件假言推理的肯定式也就是从肯定前件到肯定后件；充分条件假言推理的否定式则是先否定前件进而否定后件。

（二）必要条件假言推理及应用

必要条件的假言推理是前提中有一个必要条件的假言判断和一个直言判断，依据必要条件假言判断前、后件之间的逻辑关系推出结论的推理。[①] 通过考察前件和后件之间的关系，我们可以发现当前件为后件的必要条件时，缺少前件导致后件缺失，但前件的存在并不确保后件也存在。换句话说，当前件被否定，后件也必须被否定；然而，即使前件被证实，后件的存在仍然是未知的。再看另一个层面，后件作为前件的充分条件表明，后件的出现确保了前件的出现。但是，没有后件并不确定前件是否存在。明确地说，后件的确认意味着前件的确认；但后件的否定并不能明确指示前件的状态。

在使用必要条件假言判断作为推理的基础时，以下规则是至关重要的：第一，当前件被否定，后件也应当被否定，当后件被证实，前件也应当被证实；第二，确定前件的存在并不必然推出后件的确定，同样后件的否定并必然推出前件的否定。

必要条件假言推理在日常思考中是一种常见的逻辑方式，具有强大的论证能力。这在古老的"晏子使楚"的故事中得到了体现。晏子受齐

---

① 刘雪春. 实用汉语逻辑 [M]. 合肥：安徽教育出版社，2003：200.

王之命前往楚国。楚王想要在会见晏子前羞辱他，于是他在大门侧面设立了一个小门，要求晏子从那里进去。为了国家的尊严，晏子回应说："只有被派往狗国的使者，才应从狗门进入。我是前来使楚的，不应该从这扇门进去。"楚王无言以对，只得让晏子从正门进入。

晏子的言辞，正是基于必要条件假言推理的否定前件：只有前往狗国的使者，才会从狗门进入；但我并非前往狗国的使者，所以我不应从狗门进入。

（三）充要条件假言推理及应用

充分必要条件的假言推理是前提中有一个充分必要条件的假言判断和一个直言判断，依据充分必要条件假言判断前、后件之间的逻辑关系推出结论的推理。[①] 在深入的逻辑学探讨中，充分必要条件假言推理占据了核心地位。通过探讨前、后件的逻辑连接，我们会发现前件与后件之间存在双向的充分必要关系。当前件存在，后件必然跟随；而在前件缺失的情况下，后件也会缺失。这意味着肯定前件的存在会推出后件的确认，而前件的否定同样会引发后件的否定。从另一个角度看，后件对于前件也展现出了同样的充分必要特性。后件的存在直接指示前件的存在，而在没有后件的情况下，前件也不会出现。简而言之，肯定后件意味着前件的确认，而否定后件也会引发对前件的否定。

为了在实际应用中确保逻辑的准确性，在基于充分必要条件假言判断进行推理时，以下原则是必须遵守的：第一，肯定前件推出后件的肯定，同样，否定后件推出前件的否定；第二，当前件被否定时，后件也会被否定；相反，后件的确认会推出前件确认。这种严密的逻辑关系为充分必要条件假言推理提供了坚实的基础，并确保了其在各种情境中的准确性和适用性。

充要条件推理在生活中随处可见，而在日常生活和科学研究中，它

---

① 刘雪春. 实用汉语逻辑[M]. 合肥：安徽教育出版社，2003：202.

同样是一个非常有用的逻辑工具，能够帮助人们厘清因果关系并得出确定的结论。例如：

一个数是偶数的充要条件是这个数能被 2 整除。

推理：假设一个数是偶数。根据充要条件，这意味着这个数能被 2 整除。

反之，如果一个数能被 2 整除，那么它也是一个偶数。

在这个例子中，"一个数是偶数"和"这个数能被 2 整除"是互为充要条件的两个陈述。如果满足了其中之一，那么另一个也必然成立，反之亦然。

三、假言推理的构建步骤

假言推理在汉语中具有丰富的内涵，既涵盖逻辑规则的架构，又蕴含了深厚的文化和语境信息。构建假言推理不仅要求逻辑上具严密性，还要求深入汉语的文化和语境之中，确保推理在各个方面都恰当、有效。假言推理构建，需要对文化和语境有深入的理解。以下详细论述构建假言推理的步骤：

（一）明确前提与结论

假言推理的核心是清晰区分其前提与结论，这是逻辑推理的基石。例如，在句子"如果明天下雨，我就不出门"中，"如果明天下雨"作为一个假设的前提，为逻辑推理提供起点，而"我就不出门"则是在这样的前提下得出的结果或结论。在汉语中，受其结构和修辞的特点的影响，前提和结论的表述方式可能与其他语言有所不同。但无论如何，都应确保两者之间存在清晰且不容忽视的逻辑联系。

（二）考察前提的真实性

虽然假言推理中的前提不必总是真实的，但确保其真实性至关重要，特别是在实际应用场景中。假设一个错误的前提，或者说基于一个不成立的事实或错误的观点，那么整个推理过程，不论多么严密，得出的结论都可能是错误的。汉语表述尤其要注意前提中的修饰词、时态等语法要素，因为它们可能会影响前提的真实性。

（三）强化逻辑联系

确保前提与结论之间的联系明确且强烈是假言推理的另一个关键。汉语的语境丰富性可能使这种联系不如某些语言那么直观，但这并不意味着可以忽视这种联系。汉语可以通过词汇、语法结构和句法结构来紧密前提与结论之间的逻辑联系。例如，使用转折词、因果词等可以增强句子中的逻辑关系的紧密性，使推理更为严密。另外，对于汉语使用者而言，在日常交流中，他们往往会根据上下文和语境，自然地理解这种逻辑联系，这也是高语境语言的一个特点。

（四）融入文化与语境

每种语言背后都有与之相关的文化和历史，汉语亦然。因此，当构建假言推理时，不可避免地要考虑到与其相关的文化和语境背景。例如，"如果过年，就要放鞭炮"这样的推理，对于熟悉中国文化的人来说是易于理解的，因为它与过年的传统活动息息相关。但对于不熟悉这一文化的人来说，可能需要更多的文化信息来助力理解。因此，在构建假言推理时，要确保文化和语境的融合，使推理不仅在逻辑上站得住脚，而且在文化和语境上也是恰当的。

（五）验证推理

推理的构建并不止于形成一个逻辑结构，更重要的是验证其在实际情境中的应用和有效。这样做不仅可以确保推理的逻辑正确性，还可以根据反馈调整推理，使其更为精确和恰当。例如，可以通过问卷调查、小组讨论或实验等方法，来检测某一假言推理在特定文化和语境中的接受度和效果。如果推理在实际应用中产生了偏差或误解，那么就需要对其进行调整，确保它既能够满足逻辑的需求，又能够符合特定文化和语境的特点。这种验证过程，使假言推理更加"健壮"，进而增强了其实际应用价值。

四、假言推理在高语境语言中的体现

高语境语言中的假言推理往往不局限于通过语言结构来传达，更多地依赖于文化、情境和读者或听者的背景知识。汉语作为典型的高语境语言，其假言推理的体现方式具有其独特性。

高语境与低语境有着明显的区别。在低语境的语言中，信息通常都会明确地呈现在句子中，而在高语境的语言中，许多信息是隐含的，需要读者或听者去推断。汉语就是这样的语言，其中很多信息是暗含的，需要读者根据语境、文化和其他相关知识来解读。例如，当一个人说："你如果明天有时间，我家就烧几只鸡。"尽管这句话并没有明确地说"请你明天来我家吃饭"，但在中文的语境下，这是一个很明显的邀请。这种假言推理的体现方式要求听者根据自己的文化背景和经验来解读。再如，过桥抽板，后人过不去。这句古老的汉语俗语背后暗含的假言逻辑是如果一个人在过桥后抽掉桥板，那么后来的人就无法过桥。这种表述需要对方有足够的文化背景知识来理解其深层含义。汉语中的许多成语、诗词都蕴含了假言推理。例如，人若做事留遗憾，草长莺飞又一年。这里隐含的假言逻辑是如果一个人做事留下遗憾，那么时间会过去，而遗憾会留下。

在高语境的汉语中，假言推理的形式和表达方式多种多样，从日常对话到古代诗歌，都可以找到其踪迹。这种推理方式要求听者或读者具备一定的文化背景、情境理解能力和逻辑思维能力。但正是这种依赖于高语境的推理方式，使得汉语表达内容更加丰富、深邃，充满了无限的可能性和创造力。为了更好地理解和运用这种推理方式，学习者不仅需要学习汉语的语法和词汇，更需要深入了解中国的文化、历史和生活习惯，这样才能真正领会和掌握假言推理在汉语中的独特魅力。

五、常见的假言推理误区与纠正方法

在汉语中，假言推理被作为日常沟通和信息交流的重要工具广泛地使用。但在实践中，由于各种原因，尤其是文化和语言的差异，常常产生误区。了解这些误区以及其形成的背后原因，并掌握相应的纠正方法，是每一个汉语使用者和学习者必须面对的挑战。

（一）混淆必要条件与充分条件

误区描述：在假言推理中，有时会混淆"如果……那么……"结构中的条件。例如，如果你是学生，那么你就可以享受优惠。在这里，学生身份可能是享受优惠的一个条件，但并不是唯一条件。

背后原因：这种误区可能源于人们对于逻辑关系的认识不足以及对于具体信息的模糊理解。

纠正方法：进行推理需要明确区分哪些条件是必要的，哪些是充分的，并确保这两者在句子中有明确的区分。

（二）倒置因果关系

误区描述：在某些情况下，人们可能会错误地倒置因果关系。例如：如果外面地上是湿的，那么就是下雨了。实际上，造成地上是湿的这一结果，可能有很多原因，而不仅是下雨。

背后原因：这种误区通常源于日常经验的简化和直觉思考。

纠正方法：进行假言推理，要确保对因果关系有准确的深入理解，避免基于表面现象进行简单的推导。

（三）过度推广

误区描述：有时，基于有限的观察或信息，人们可能会进行过度的推理。例如，如果你喜欢古典音乐，那么你一定是一个文雅的人。这实际上是过度推理。

背后原因：这可能源于人们对某些现象或特征的刻板印象。

纠正方法：需要培育批判性思维，避免对信息的盲目接受，尤其是基于有限或片面的信息作出的判断。

（四）忽视文化差异和语境

误区描述：特定的假言推理在不同的文化和语境中可能会有不同的解读。例如，一个在中国很常见的邀请方式——如果你有空，来我家坐坐。这在其他文化中可能并不能直接被解读为邀请。

背后原因：每一种语言都承载了其特定的文化和历史背景，这导致了其使用者在某些情境下的不同解读。

纠正方法：深入了解目标文化和语境，尽量确保自己的表达方式符合接收者的预期和习惯。

（五）使用过于复杂的结构

误区描述：在进行假言推理时，有时会使用过于复杂或冗长的句子结构，使得主要的信息或逻辑关系被淹没。

背后原因：可能是为了彰显正式或权威，或者是为了避免直接表达某种观点或请求。

纠正方法：简化句子结构，确保核心信息和逻辑关系清晰易懂。

理解和纠正这些假言推理的错误是非常重要的，因为它们不仅影响人们的沟通效果，还可能导致不必要的误解和冲突。为了确保在交流中使用正确和恰当的假言推理，人们需要不断地学习、实践和反思。

第四节　正确运用选言推理

演绎推理中还存在一种语言逻辑规则，即选言推理。选言推理是以选言命题作为逻辑性质而进行的一种推理方法。选言命题，就是反映事物的若干种情况或性质至少有一种存在的命题。通俗来说，选言推理主要是用于处理多个命题之间"或"的关系的一种逻辑推理方法。那么，在一个选言推理中，我们通常面对这样的命题："A 或者 B"，如果已知 A 是假的，则可以推出 B 是真的；如果已知 B 是假的，则可以推出 A 是真的。这个形式可以作为选言推理的基本形式。同时，在一个选言推理中，选言命题之间，还存在着并存关系与不并存关系的区别。这种不确定性，就使得选言命题的具体形式有所不同，推理结果也自然有所不同，这就像在做一个选择题，在命题所给出的若干选项中，可以多选的，那么多个选项之间就是并存关系；也可以选择一个，那么其他的就可以予以否定。选言命题也是一样，如果所给出的选项或选言支之间是可以并存的，那么这些可以同时选择多个答案的就称为相容选言命题；而只能选择一个答案而否定其他的，则称为不相容选言命题。比如，他学过英语或语法知识？在这个命题中，两个选项之间就是一种并存关系，因为一个人既可以学过英语，也可以学过语法知识。那么，这个命题显然就是一个相容命题。再如，他现在在西安或是石家庄。在这个问题中，两个选项或选言支之间是不相容的关系，即一个人在同一时间，只能出现在西安或者石家庄，不可能同时出现在西安和石家庄。这种命题关系就是不相容命题关系。因此，选言推理，根据选言命题的不同，又可划分为相容选言推理和不相容选言推理。

（1）相容选言推理："A 或者 B"，如果 A 为假，B 一定为真；如果 A 为真，B 不一定为假。也就是说，否定一部分选言支，就要肯定另一部分选言支；肯定一部分选言支，不能否定另一部分选言支。

（2）不相容选言推理："A 或者 B"，如果 A 为假，B 一定为真；如果 A 为真，B 一定为假。也就是说，否定一部分选言支，就要肯定另一部分选言支；肯定一部分选言支，就要否定另一部分选言支。

从以上可以看出，不论如何，选言推理的过程，其实就是一个将命题由不确定状态过渡到确定状态的过程。无论怎样，人们总要通过"A 或者 B"得出一个确定的结论。这个过程，就是选言命题的推理过程，也就是选言推理实际运用的过程。

一、相容选言推理的规则及其在高语境语言环境中的运用

在相容的选言推理中，作为命题前提的选言支可以同时为真，那么肯定其中一支或数支后，不能相应地否定其他选言支，故而它便形成了一种能推理出必然结论的固有形式，即否定肯定式。在这种推理中，结论必须由否定到肯定，否则不能达成事实上的真与逻辑上必然真的高度统一。例如，他学过英语或者语法知识。对比句可以作出以下两种尝试：

（1）否定肯定式。他没有学过英语，所以他学过语法知识。这句话便是正确的。因为它符合选言推理的规则，即否定一部分选言支，就要肯定另一部分选言支。

（2）先肯定再否定。他肯定学过英语，所以否定他学过语法知识，这就是错误的。因为肯定一部分选言支，不能否定另一部分选言支。从逻辑上来说，学过英语必然学过语法知识，但学过语法知识不代表学过英语。在形式上违反了选言推理的规则，相容选言命题的选言支"他学过英语"和"他学过语法知识"可以同时是真。因此，肯定"他学过英

第六章　汉语的逻辑推理技巧

语",不能否定"他学过语法知识"。

汉语属于典型的高语境交际形式语言,它有着丰富多样的表达形式,其语言表达可以是含蓄的、内敛的,甚至可以通过否定表达肯定,看似是肯定的,表达的却是否定的,而在对语言表达和理解的过程中正确使用选言推理,可以使交流更顺畅。例如,匈牙利诗作《自由与爱情》在被翻译成高语境语言汉语时,是这样的:"生命诚可贵,爱情价更高。若为自由故,二者皆可抛。"其中就巧妙地隐藏了一个选言推理,即在对待生命、爱情、自由三种同为真的选言支时,否定两个,才能得到正确的那个。但如果在翻译时,只肯定其中两个,那么剩下的则要否定,这显然是不正确的。根据相容选言前提的逻辑性质,这个推理只能是由否定到肯定的,即便"生命诚可贵""爱情价更高"的表达看似为肯定表达,但"二者皆可抛"此句作出了否定,才得出了"自由"才是正确选择的结论。这也符合相容选言推理中,只有否定肯定式,推出的结论才能达成事实上的真与逻辑上必然真的高度统一。

由于高语境语言环境的特殊性,推理也要注意避免逻辑漏洞。例如,相容选言推理规则中规定"肯定一部分选言支,不能否定另一部分选言支",却没有规定"肯定一部分选言支不能肯定另一部分选言支",那么针对"他学过英语或者语法知识"这个命题,就不能排除"他既学过英语,又学过语法知识"这一结论。

另外,在"否定一部分选言支,就要肯定另一部分选言支"这一规则中,"肯定"的说法也并非十分明确,因为这里面还存在一些不同的情况,即所肯定的选言支可以是一个选言支,也可以是两个及以上选言支。对于两个及以上选言支,究竟该怎样"肯定"呢?它们的关系是相容的关系还是不相容的关系呢?如果是相容的关系,那么其中至少有一个是肯定的,如果是不相容的关系,那么其中有且只有一个是肯定的,又或者都是肯定的。这三种情况又决定着三种推理的判断。因此,相容选言推理的"否定肯定式",其结论肯定至少有一个是肯定的,在命题范围

· 203 ·

内，是必然且有效的；而肯定两个及以上肯定，或有且只有一个肯定，超出命题范围的，它就成了非必然的、无效的。

也就是说，在否定肯定式的规则中，如果涉及两个或多个选言支，那么情况就不能以"肯定一部分选言支"来做结论，它还可以有"至少有一个是肯定""有且只有一个是肯定的""同时都是肯定的"几种不同结论。

二、不相容选言推理的规则及其在高语境语言环境中的运用

不相容选言推理是命题中的选言支互不相容的推理。选言推理的选言支有且只有一个是肯定的，肯定一个，另外一个必然是否定的；否定一个，另外一个必然是肯定的。这就引出两种推出必然结论的推理形式。如前面例子中所提到的，一个人某时在西安，必然就不能同时在石家庄；一个人某时在石家庄，必然不能同时在西安。这推出选言推理有以下两条规则：

（1）肯定否定式。肯定选言支中唯一肯定的，那么结论必然是否定其他选言支，即肯定一个选言支，就要否定其他选言支。

（2）否定肯定式。否定前提选言支中真支以外的其他选言支，那么剩下的那个必然是唯一的肯定。

不相容选言推理无论在表达还是理解中，大多较为直截了当，不容易产生误解，因为得到的结论总是"肯定一个，否定一个"，但不相容选言推理也有不完善的一面。不相容选言推理是以真的不相容选言命题的逻辑性为依据进行推理的。一个真的不相容选言命题，有且只有一个选言支是真的。因此，它最终的结论总是能肯定一个。但从整个推理过程来看，不相容选言推理的推理过程说明的是在前提选言中肯定一个选言支或在结论中肯定一个选言支的有效性，并不能说明它们的正误。举个例子，前几天，他要么在西安，要么在石家庄。"要么在西安"和"要么在石家庄"是两个不相容选言支，运用两条规则可以推理出以下两个结论：

第六章　汉语的逻辑推理技巧

（1）肯定否定式：他前几天在西安，所以他前几天不在石家庄。

（2）否定肯定式：他前几天不在西安，所以他前几天在石家庄。

这两个结论看似都没有问题，但它忽视了"前几天"这个时间属性。前几天究竟是哪天，在那几天的时间里，他有没有可能既去过西安，又去过石家庄。这一时间属性，使得两个本不可兼得的选言支变得可以兼得，所以导致结论不符合逻辑正确性。这就导致在高语境语言环境中，选言推理可能会遇到一些问题和挑战，其中一个主要的问题是高语境语言的多义性和模糊性。在汉语（以及其他自然语言）中，词汇和句子的意思可能不总是那么确定的，进而导致选言推理推导出荒谬的结论。对于这种情况，我们可以通过上下文分析、语义分析，引入外部信息和背景知识等理解和分析句子的真正意思，实现更准确的交流与沟通。

第五节　破斥错误二难推理的方法

二难推理是假言推理的一种特殊类型，其建立在假言推理和选言推理的基础之上，是以两个充分条件的假言判断和一个选言判断作为前提构成的推理。例如：

> 如果火星上有生命，那么火星应该有氧气；
> 如果火星上有生命，那么火星应该存在液态水；
> 火星上或者没有氧气，或者没有液态水；
> 所以，火星上没有生命。

这个二难推理，就是由两个假言命题和一个选言命题构成的。

二难推理的目的是向谈话方或公众表明结果的两难立场，或者为强调某一种结论而进行的推理。

一、二难推理的特征

二难推理是一种思维工具,它能帮助人们认识事物、表达观点、揭示人类内部矛盾和冲突。它是由假言判断和选言判断共建的一种推理。因此,它具有假言判断和选言判断双重性质,既要遵循假言推理的规则,也要遵循选言推理的规则。

换句话说,二难推理的基础和大前提是假言判断的前提和结论,这两者之间的关系必须明确且正确。此外,选言判断的前提只有全面,才能得出令人信服的结论。否则,如果假言判断的前提和结论不正确,或者选言的前提不全面,那么二难推理就无法得出正确的结论,属于错误的二难推理。

二、二难推理的形式

依据二难推理中假言推理和选言推理的不同组名方式,可以把二难推理划分为简单构成式、简单破坏式、复杂构成式、复杂破坏式四种形式。

(一)简单构成式

简单构成式是二难推理中一种常见的构成形式,它的结构特点是,两个假言命题的前提相反,但是结论相同,选言的前提对两个相反的假言前提进行肯定,结论却与选言命题的结论保持一致。

如果用字母表示,这种简单构成式的推理形式表述如下:

如果 p,那么 r;
如果 q,那么 r;
或者 p,或者 q;
所以,r。
例如:

第六章 汉语的逻辑推理技巧

> 如果明天下雨,那么小明会去上班;
> 如果明天不下雨,那么小明会去上班;
> 明天是下雨,还是不下雨;
> 小明都会去上班。

也就是说,天气因素不是影响小明是否上班的理由,无论天气如何,小明都会去上班。

又如,小红是一起民事案件中,原告方和被告方共同的朋友,现在原告方和被告方对簿公堂,小红作为被告一方的证人将出庭作证,却面临两难处境。

> 如果小红出庭作证,那么她会招来他人不满(原告方);
> 如果小红不出庭作证,那么她会招来他人不满(被告方);
> 小红或者出庭作证,或者不出庭作证;
> 所以,她会招来他人不满。

在这个例子中,小红面临两个假言命题:出庭作证或者不出庭作证。这两个命题得出的结论是相同的:招来他人不满。这种相反命题得出相同结论的推理,表明小红没有选择的余地,她处于这个事件之中,必然招来他人不满。

(二)简单破坏式

简单破坏式,也是现实生活中一种常见的二难推理形式。简单破坏式推理的结构特点是,两个假言命题的前提相同,但是结论正好相反。选言命题的前提对假言命题的结论进行否定,选言命题的结论对假言命题的前提进行否定。

· 207 ·

如果用字母表示，简单破坏式的推理形式表述如下：

如果 p，那么 q；

如果 p，那么 r；

非 q，或者非 r，

所以，非 p。

例如，某大学三年级学生竞选班干部，要求参选者符合新时代"五好青年"的标准。小明也想参选，但是他是否有参选资格引发了同学们的热议。

如果小明是一位"五好青年"，那么，他应该学习好；

如果小明是一位"五好青年"，那么，他应该纪律好；

小明或者学习不好，或者纪律不好；

总之，他不是一位"五好青年"。

二难推理的破坏式推理通常应用在人们反驳或反对某一结论或观点时，它通过证明两个假言命题结论中至少一个是假的，来达到证明假言命题观点或结论错误的目的。

（三）复杂构成式

复杂构成式的结构特点是两个假言命题的前提相反，结论也相反。其中，选言命题的前提把事物可能的情况全都囊括在内，后面的选言命题无论怎样都会得出要么肯定要么否定的结论，不会出现第三种情况。

如果用字母表示，复杂构成式的推理形式表述如下：

如果 p，那么 q，

如果 r，那么 s。

p 或者 r，

所以 q 或者 s。

例如：

如果小明的意见是对的，那么小红应该接受；
如果小明的意见是错的，那么小红应该反对；
小明的意见，或者是正确的，或者是错误的；
所以，小红或者应该接受，或者应该反对。

（四）复杂破坏式

复杂破坏式的特点是，两个假言命题中的前提和结论都不相同，而选言命题的前提分别对两个假言命题的前提进行了否定，结论则对假言命题的两个结论都进行了否定。

如果用字母表示，复杂破坏式的推理形式表述如下：

如果 p，那么 q，
如果 r，那么 s。
非 q 或者非 s，
所以，非 p 或者非 r。

例如：

如果 AI 是遍知的，它就能够知晓人类的一切难题；
如果 AI 是全能的，它就能够解决人类的一切难题；
AI 或者不知晓人类的一切难题，或者不能够解决人类的一切难题；
所以，AI 或者不是遍知的，或者不是全能的。

三、错误二难推理及其破斥方法

二难推理与假言推理和选言推理相比，较为复杂。但是，二难推理在现实生活中的应用十分广泛。尤其在辩论比赛、批驳某个观点时，常常会运用二难推理。

除此之外，在现实生活中，人们常常陷入两难的境地，这时候，就可以运用二难推理的方法，迅速理清思路，得出明确的结论。

例如，一个人的事业正处于关键的攻坚阶段，需要全面投入精力。此时，父母打电话让他回家处理重要的事情。

如果他回家，就要承受事业下行的后果；
如果不回家，则无法对父母尽孝；
他或者回家，或者不回家；
都无法兼顾事业和家庭。

值得注意的是，二难推理的结论并不总是处于"进退两难"的境地。有时，经过二难推理后，会得出积极、正向的结论。

例如，小明今年大学毕业，正在备考研究生。如果考上研究生，小明会到更好的大学继续深造，将来为祖国的建设做贡献。如果考不上研究生，小明就去工作，在平凡的工作岗位上为祖国的建设做贡献。因此，考上研究生或者考不上研究生，都不妨碍小明为伟大的祖国建设作出贡献。

二难推理是假言推理和选言推理的综合运用，在运用二难推理时，如果违背了假言推理和选言推理的原则，则会推导出错误的二难推理。

（一）错误的二难推理类型

错误的二难推理类型一般包括假言命题前提条件的虚假（强加条件）、选言前提的不真实或不穷尽，以及违反充分条件假言推理的规则。

1.假言命题前提条件的虚假（强加条件）

二难推理的前提是假言推理，假言推理断定的前提以实际存在的事实作为充分条件关系的基础。如果假言推理的前提不是事实，或者是虚假事实，是一种未曾发生的强加条件，那么二难推理的前提条件就不成立，结论当然也不可靠。这样的二难推理就是一种错误的二难推理。

例如，小红已经高三了，模拟考只考了300分。她幻想自己能够考上名牌大学。

> 如果能考上清华，她就主攻物理，将来做一名顶尖的物理学家；
> 如果考上北大，她就选择法学专业，将来做一名精英律师；
> 她或者考上清华，或者考上北大；
> 所以，小红将来会成为物理学家，或者精英律师。

这个例子，看似是一种二难推理，然而实际上，对于只考了300分的小红来说，不论是清华的物理专业，还是北大的法律专业，都与小红无关。

这个例子中假言推理的前提条件就是假的，得出的结论当然也是假的。

2. 选言前提的不真实或不穷尽

二难推理不仅要求假言条件的真实，还要求选言推理的前提把假言推理中的所有可能的条件包含殆尽，只有除了选言推理中提到的两种情况，不能有第三种条件的存在，二难推理的前提条件才能成立。

例如，小明当上班长后，充分体会到了班干部的责任。班长作为协助老师，为班集体服务的人，必须把握好其中的"度"。

> 如果小明对同学管理太严，容易招致议论（同学们觉得他盛气凌人）；
> 如果小明对同学管理太松，容易招致批评（老师会认为小明不负责任）；

小明作为班长，要么对同学管理太严，要么对同学管理太松；

所以，小明班长易招致同学或老师的议论，认为他盛气凌人，或者不负责任。

这个二难推理中的两个假言推理是真实存在的，小明已经当上了班长。然而，假言推理的前提：要么对同学管理太严，要么对同学管理太松，并不能穷尽所有管理的"度"。在现实生活中，除了管理太严和管理太松，还可以采取既不过严也不过松的宽严适度的管理方式。因此，当选言前提不真实或不能穷尽所有可能时，二难推理也是错误的。

3. 违反充分条件假言推理的规则

二难推理在进行推理时，必须遵循充分条件假言推理的原则，确保充分条件假言判断的逻辑是正确的，否则，一旦违反充分条件假言推理的规则，那么二难推理就是不成立的，是错误的。

例如：

如果患了感冒，小明就会发热；
如果没有患感冒，小明就不会发热；
或者感冒，或者没有患感冒；
所以小明或者会发热，或者不会发热。

这个二难推理是错误的，因为假言推理的原则是，肯定前件可以肯定后件，但是否定前件不能否定后件，其违反了假言推理的原则，所以这个二难推理的前提条件并不充分，因而是错误的。

（二）错误二难推理的破斥方法

针对错误的二难推理，我们可以通过揭露其不同的错误之处，来达到破斥二难推理的目的。

1. 揭露假言前提的虚假

针对假言命题前提条件的虚假（强加条件）所造成的错误的二难推理，我们可以通过揭露假言前提的虚假来达到破斥错误二难推理的目的。

例如，针对小红对自己未来或做物理学家，或成为精英律师的规划，可以通过揭示其假言前提的虚假，达到破斥其结论的目的，即指出小红在高三的模拟考试中只考了300分，这个成绩是无法考上她期待的大学的，所以这种建立在虚假事实上的未来规划是不成立的。

2. 揭露选言前提的虚假

针对选言前提的不真实或不穷尽，我们可以通过揭露选言前提的虚假来达到破斥错误二难推理的目的。

例如，针对小明作为班长对班级管理的过宽或过严而招致的议论和批评，可以直接指出班级管理的"度"，从而通过揭露选言前提的不穷尽，指出该二难推理的不尽不实。

3. 揭露假言推理或选言推理违反推理规则

针对违反充分条件假言推理的规则所造成的错误的二难推理，我们可以通过揭露假言推理或选言推理违反推理规则来达到破斥错误二难推理的目的。

例如，逻辑学上著名的"半费之讼"，就是一种违反假言推理违反推理规则的典型案例。

传说，古希腊历史上有一位著名的辩论者，名叫普罗达哥拉斯（Protagaras），他收了一位名叫欧提勒士（Euathlus）的学生，教他法律知识。双方约定，欧提勒士先付给普罗达哥拉斯一半的学费，等到其出师后，当上律师，并且打赢第一场官司后，再付剩下的一半学费。

然而，欧提勒士当上律师后，却迟迟不出庭打官司。普罗达哥拉斯实在等不及了，只好把徒弟欧提勒士告上了法庭。他向法庭提出了一个著名的二难推理：

如果师徒俩的这场官司，欧提勒士赢了，那么，他应该按照合同付给普罗达哥拉斯剩下的一半学费；

如果师徒俩的这场官司，欧提勒士输了，那么，就请他依照法庭判决，付给普罗达哥拉斯剩下的一半学费；

欧提勒士或者会赢得官司，或者会输了官司；

总之，他都得付给普罗达哥拉斯剩下的一半学费。

这个二难推理，看似非常合理，但是实际上两个假言推理之间并没有必然的联系，也就是说，这两个假言推理不能构成正确的充分条件的假言判断。既然这件事情已经诉讼到法庭，那么其评判结果都应该以法庭裁决为主，不能或者按照合同处理，或者按照法庭裁决处理。

更可笑的是，欧提勒士为了驳斥普罗达哥拉斯的二难推理，也提出了一个二难推理：

如果欧提勒士打赢了官司，那么按照法庭裁决，他就不应该再付给普罗达哥拉斯另一半学费；

如果欧提勒士输了官司，那么，按照合同约定，他也不应该再付给普罗达哥拉斯另一半学费；

欧提勒士要么赢得官司，要么输了官司；

总之，他都不必付给普罗达哥拉斯剩下的一半学费。

这个二难推理中的两个假言命题之间，同样没有丝毫联系，所以这个二难推理也是不成立的。

由此可见，不仅二难推理可能存在错误，在破斥二难推理时，也可能构造出另一个错误的二难推理。

第七章　汉语话语思维的逻辑规律

第七章 汉语话语思维的逻辑规律

不同思维形式在运用中会产生特定的规律,而这些规律催生了思维下的推理、判断、结论等形式。思维与规律相辅相成,进行思维推理、判断、结论,要遵循其中的规律。这些规律是逻辑的组成,也是逻辑的规则,也就适用于基本规律和特定的思维形式。因此,人们在进行推理、判断并得出结论等思维活动时,才会有效地运用语言的思维逻辑,进而运用到逻辑的规律。

汉语话语思维的逻辑规律有同一律、矛盾律、排中律、充足理由律之分,如图7-1所示。

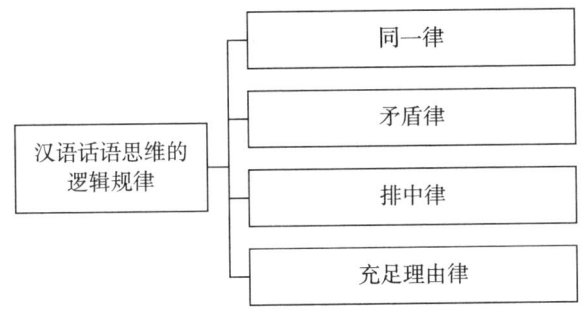

图 7-1 汉语话语思维的逻辑规律

四条规律与逻辑的基本规律有着从属的关系。四条规律就是形式逻辑的基本规律,除了充足理由律,其他三条规律都属于恒真式的表达方式规律。这些规律指出了判断和概念间的具体联系,表述的是思维的正确性。这些规律之所以能表述出形成思维的必要条件,形成思维的正确表达方式,是因为人与物质世界不断相互作用而产生的作用。

本章通过对同一律、矛盾律、排中律、充足理由律进行细致分析和举例论证,详细地解释了逻辑思维规律分属的四个规律的概念、内容与结构,以及在话语中的详细运用,对汉语在语境下的逻辑运用进行概括。

· 217 ·

高语境语言中的逻辑学运用

第一节 同一律

在汉语话语思维的逻辑规律中,同一律是保证思想具有同一性的规律,它要求同一思维过程,必须保证概念和判断在同一意义上使用,不能出现不同意义上使用的概念和判断。哲学范畴即强调个别性、独立性、完全性,要做到既与自己完全等同,又与其他事物都不同,做到个别的"存在"都是"一"。因此,本节通过对基本内容、逻辑结构、基本要求,违反后出现的逻辑错误,以及正确理解运用,解释同一律的相关概念和作用。

一、同一律的基本内容

同一律的基本内容通常用公式表示为 A=A,或 A 是 A。其中,A 表示概念或判断,可以表示为任一概念或者任一判断。根据同一律,人们议论谈论的方向和重点必须明确概念,以及这个概念的内涵甚至外延,且不能自主地偷换成任何一个概念来表示,保证议论谈论方向和重点的明确性和确定性。因此,A 就是等于 A,A 不等于 B,也不等于 A 以外的任何事物,在一定程度上,说明一个事物就是这个事物,它不能是别的事物,因而要求逻辑规律在辩证与认知中,必须保持思想的确定性和同一性。通俗地讲,就是老百姓所说的"黑的是黑的,白的是白的"。例如,在学习数字上有这样一则绕口令即能说明问题。

四十四,十是十,
十四是十四,四十是四十。
谁把十四说"十适",就打他十四;
谁把四十说"适十",就打他四十。

这就说明在事物认知形式逻辑中,依据来源是事物的稳定性和确定性。思想在逻辑认知的变化下,先定性事物的稳定性和确定性,再考虑其内涵和外延,也就像上面那则绕口令一样,先确定"四十四,十是十",再确定"十四是十四,四十是四十",这样就有了事物本质所具备的稳定性和确定性,下面再进行反向对比,即事物的"真""假"对比、概念混淆的对比,这就需要用到事物的内涵与外延,谁把十四说错会怎么样,谁把四十说错会怎么样,如此,又加深了"四十四,十是十,十四是十四,四十是四十"的明确印象,从而达到记忆深刻和汉语话语思维逻辑的同一性的目的。

因此,在实践认知的基础上,形式逻辑中的同一律是比较常见的逻辑规律。人类在进行话语对话的过程,也是在给思想建立逻辑联系的过程。在这个过程中,同一律对思维产生明确性的影响,使对话双方避免了因出现概念混淆而无法达成思维共识的情况。

二、同一律的逻辑结构

矛盾律用公式表示为 A=A,或 A 是 A。

就命题而言,同一律要求保持其确定的陈述内容和真假判断,通俗地说就是一个命题是真的,就是真的,即 A → A 是成立的。因此,在同一思维过程中,同一律必须保持相同的概念与判断。例如:

只要明天不下雨,咱们就去爬山。

这是一种简单的逻辑思维结构,表述的是"明天不下雨就去爬山"和"明天下雨就不去爬山"的意思,而两种表述是一种意思。也就是说,同一律的结构是保持事物和自身的同一,对事物进行判断,必须遵循前后一致。就像不下雨就去爬山的意思一样,首先要使逻辑的前后保持一致,这样说者和听者都能从认知上和对话语的解读上保持一致。

三、同一律的基本要求

在汉语话语思维逻辑中,同一律的基本要求可以从两个方面进行阐述:一方面是保持概念的同一,即概念的内涵必须确定同一;另一方面是保持判断的同一,即判断的内容必须确定同一,如图 7-2 所示。

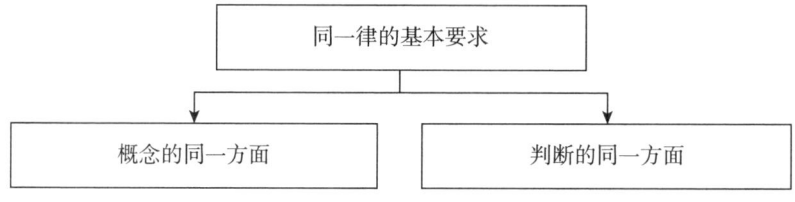

图 7-2 同一律的基本要求

(一)概念的同一方面

概念的同一即概念的同一性,是在同一个思维过程中,使用的概念必须保持同一。在讨论问题、回答问题或反驳别人的时候,各方使用的概念也要保持同一。在普通逻辑学中,概念间的同一性是重点和难点。概念间的关系,也是概念的内涵与外延,且要求外延自身和自身完全重合具有同一关系。通俗地讲,就是 A=A,或者 A 是 A。反之则会引起概念的混淆,使话语很让人费解或者使别人混淆其中的意思。

例如,贺岁片《甲方乙方》中有这样一个场景,一个川菜厨师梦想成为宁死不屈的义士,体会一天被捕、严刑拷打、英勇就义的滋味。他找到了"好梦一日游"剧组,希望能完成对秘密守口如瓶的梦想。"好梦一日游"剧组的人就教给他一句话"打死我也不说",结果他在经历剧组所设置的美人计时就已经招供,后面面对"严刑逼供"时更是大喊大叫反复招供"打死我也不说"。可其他人依然认为他是大义凛然,冒着被打死的风险也不说,从而闹出了许多笑话。

这就是双方在"打死我也不说"这句话上出现了思维理解的偏颇,没有做到思维逻辑的同一。川菜厨师其实一开始就招供了,并且在接下来不断招供时说的要保守的秘密就是"打死我也不说",而另一方坚持认为对方就是打死也不说秘密是什么,双方在对概念的理解,以及对概念内涵、延伸没有形成同一关系,从而引发了爆笑的电影效果。

(二)判断的同一方面

判断的同一即在同一时间、同一方面对同一个主体事物作出保持同一的判断,它要求思维具确定性,但并不否定思维发展变化过程,也就是说首先要在对象相同的基础上,从同一方面对同一事物作出相同的判断,即A是A;反之,则出现认知判断的混淆,甚至错误地将一个对象自主理解成另一个对象的情况,也就是通常所说的偷换概念。在汉语话语中,判断的同一是对说者话语的基本理解。一方话语精准,而另一方精确理解,这样会避免很多的错误,也能规避很多思想上的相互不理解,反之则会出现认知混淆,两人的谈话由此无法进行下去的情况。

在日常生活中,人们经常会遇到如此场景,一个人说话,另一个人却无法理解,各执一词,又相互不理解,最后发生了争执。这也就是通常所说的不同频。

有一则笑话就是对字面概念从理解和认知上都形成了混淆,错误地将一个对象自主理解成另一个对象,这也就是通常所说的偷换概念。例如:

> 一位新上任的知县去拜见自己的太守。
> 太守见到知县后问:"贵县风土如何?"
> 知县回答:"县里风大得很,但是没有尘土,不然够伤脑筋的。"
> 太守先是一愣,又问道:"那么贵县黎庶百姓如何?"
> 知县直接回答:"要说梨树嘛,倒是不少,就是梨个头小,味儿太酸。"

弄得太守当场哭笑不得。

"风土"和"风与土","黎庶"和"梨树"。这位知县将两样事物直接"换"成了另外一个不同内涵的概念，导致认知对象变化。太守问的"风土""黎庶"指的是自然环境和百姓生活，知县回答的则是刮风和尘土，以及梨树。他一味地将话语中明确的事物内涵，以同音词来做概念并加以判断，与太守问答没有形成思维逻辑的同一，因而闹出了笑话。

四、违反同一律的常见逻辑错误

对照同一律的要求，违反同一律的逻辑错误有两种，即混淆概念或偷换概念，转移论题或偷换论题。

（一）混淆概念或偷换概念

1. 混淆概念

混淆概念体现在同一思维过程中，由于逻辑的认知出现混淆，把不同概念当成同一概念使用，从而造成概念的内涵和延伸出现混淆。

例如，一位父亲在看儿子的学期评语时，看到上面写着"在学校和同学打成一片"勃然大怒，拽过儿子喝道："你老实说，在学校和谁打架了？"儿子说没有，父亲更加生气，指着评语说道："你别骗我，这上面明明说到'在学校和同学打成一片'。"儿子哭笑不得。这位父亲显然是混淆了概念，将表示和同学们团结和睦的"打成一片"理解成了和同学打架，才闹出让儿子哭笑不得的笑话。

2. 偷换概念

偷换概念表现在同一思维过程中，故意违反思维逻辑规律，把不同的概念当成同一概念使用。它与混淆概念不同的是，混淆概念是对概念内涵即外延出现了逻辑认知的错误和混淆，而偷换概念则是明知道概念内涵和外延的意思，故意偷换成另一个概念。

例如，晚上街头有花灯表演，一个女子对她的丈夫说："咱们去看灯吧。"她的丈夫不愿意出门，于是说："家里有那么多灯何必去外面看。"这就是用"灯"的概念偷换了"花灯"的概念，故意违反了同一律的要求，把不同的概念当作同一概念去使用。

又如，火车进站了，一个小伙子上车后发现没有空座，就硬往一位老大爷身边挤座位。老大爷很不开心，说："小伙子，座位已经满了，别硬坐了。"小伙子嬉皮笑脸地说："老大爷，我买的就是'硬座'票。"小伙子故意违反同一律要求，将"硬坐"偷换为"硬座"，这种诡辩方式显然不会让老大爷的认同。

（二）转移论题和偷换论题

1. 转移论题

转移论题也称离题或者跑题，它体现在同一思维过程中，无意识地违反了同一律，更换了原内容的判断，使新论题与原论题发生了偏离的情况。

例如，老师问一个学生："听说你今天没有请假就跑去看电影了，你不知道学习的重要性吗？"学生回答："看电影也是学习啊，我看的是爱国电影。"

又如，妈妈问女儿："你的作业写完了吗？"女儿回答："妈妈，你的饭做好了吗？"

以上两个例子都是更换了原内容的判断形式，学生将看电影说成是学习而没有解释不请假这个论题，女儿问妈妈做饭的情况而没有回答自己作业完成情况，故意地转移了需要回答的论题，并未对应有的论题作出肯定的回答，从而违反了汉语思维逻辑规律的同一律。

2. 偷换论题

偷换论题体现在同一思维过程中，为达到某种目的，故意将论题变成另外一个论题，并要替代原论题成为最终判断，通常这也是诡辩的惯用伎俩。

例如,明代有位大学士,他的儿子很不成才,可他的孙子却考中了进士。他经常责骂他的儿子是不成才的东西。后来他的儿子实在忍受不了就和他争执起来,说:"你的父亲不如我的父亲,你的儿子不如我的儿子,我怎么不成才了?"大学士听了后,哈哈大笑,就不再责备儿子了。

大学士的儿子应该辩论的是自己是不是成才的问题,但却故意将这一论题偷换成"你的父亲"和"我的父亲"与"你的儿子"和"我的儿子"之间的对比关系,回避了原来所要论辩的论题,一种"讲道理"似的诡辩成为偷换论题式的典型。

五、同一律的正确理解和运用

在思维过程中,同一律要求保持时间、关系和对象的同一性,即保持概念和判断的同一性,不能出现混淆概念和偷换概念的情况。在应用上各个要求是不能被打破的,即使出现了破坏,也不能出现概念内涵、外延即判断同一的破坏。

例如,1932年的年清华大学入学考试,出题人是我国近现代历史学家陈寅恪,他出了两道考题,其中第二道题是一副三字对联,上联是"孙行者",要求写出下联。这道题令许多学子冥思苦想不得其义,纷纷交白卷,甚至有些学子对出了"猪八戒""唐三藏""沙和尚"等《西游记》人物的下联,但陈寅恪均不满意,认为他们根本没明白题意。直到他看到一个答案"胡适之",让他眼前一亮,当即奉为最佳答案。这名考生名叫周祖谟,后来成为我国著名文学、音韵、训诂、文献学家。

这个对联属于"无情对",好多人都是因为理解不了其意而无法作答。其实,"孙行者"一者是人名;二者可拆字做对仗,即"孙"是姓氏,"行"是动词行走之意,"者"是虚词;三是音律,即"孙行者"是平平仄。而"胡适之"一者也是人名;二者拆字来看,"胡"是姓氏,"适"在古汉语中有到达之意,也是动词,"之"也是虚词,作为对联很合拍；三者"胡适之"音律是"平仄平"。因此，对仗较为工整。

虽然这个例子属于国学的范畴，但对于同一律的应用来讲，周祖谟的答案显然与陈寅恪的题目做到了概念和判断的同一。

因此，同一律是思维的基本逻辑规律，在汉语语言特别是话语中有着不可忽视的遵循意义，我们应严格遵守。而保持话语思维逻辑的同一律运用，就是在交际过程中，保持话语的正确性和同一性。同一律对于话语的正确理解和解读起到了重要的作用，是双方交流的基础思维逻辑。同一律运用得体，将对意思的精确表述起到积极作用。遵从同一律，是实现正确思维和准确表述的基本要求，否则在现实的对话将出现理解错误。

第二节 矛盾律

矛盾律是传统逻辑基本规律之一，它是保证思想具有不矛盾性的规律，要求在同一思维中，针对同一个对象不能出现两个互相矛盾的判断。矛盾律的合理运用，对事物的分析判断、真假分辨起到关键作用。本节从矛盾律基本内容、逻辑结构、基本要求，以及违反后出现的逻辑错误和正确理解运用等方面，解释矛盾律的相关概念和作用。

一、矛盾律的基本内容

与同一律表示的"A=A，A 是 A"的公式相反，矛盾律通常表述为"A"必不非"A"，这里的"A"是一种思想，而非"A"则表示和"A"相反相对的思想。它要求在同一个思维过程中，对两个矛盾的判断不能同时承认均为真才行，其中至少有一个是假的。通俗地讲就是思维不产生矛盾。例如：

他学习了汉语。

他没有学习汉语。

判断这两个句式，不能以同为真作为思维逻辑的断定标准。如果"他学习了汉语"为真，那么"他没有学习汉语"必为假，反之亦然。他不可能既学习了汉语又没有学习汉语，否则两者之间就会产生矛盾。

矛盾律对于一般思维存在特殊的标准，即 A 必不非 A，因而对于各种事物的判断都是反对的。矛盾律在推演过程中所建立的理论是矛盾的，但这种矛盾的形成有一种必然性的因素，这也是矛盾律的客观基础，是在认知过程中对思维的客观变化，因而它要求对现实的论断不是矛盾的。如果违反了矛盾律的要求，就会出现思维的前后不一致，自相矛盾。

二、矛盾律的逻辑结构

矛盾律的逻辑结构用公式来表示就是"A 不是非 A"，说明矛盾律命题之间是互相矛盾的。

就概念而言，在同一思维过程中，"A"和"非 A"不能同时作为判断结果出现，只能是"A"和"非 A"其中一种结果出现。例如：

他旅游去了北京又没去北京。

这显然就是矛盾的。这句话的表述只能是"他旅游去了北京"或者"他旅游没去北京"。

就命题而言，一个命题既不能表述成是什么，又不能表述成不是什么，即不能同时为真，只能有一个是真的。例如：

他未婚又已婚。

未婚和已婚两个命题放到一个人身上本身就是矛盾的，互为反向的，因而这个命题不可能为真。

三、矛盾律的基本要求

矛盾律的基本要求也体现在两个方面，即概念和判断，如图7-3所示。

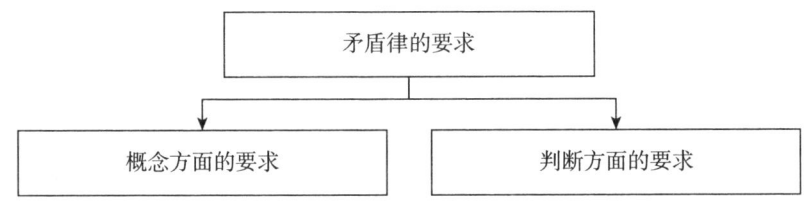

图7-3　矛盾律的基本要求

（一）概念方面的要求

在同一思维过程中，一个概念不能既反映某个对象又反映另一个对象，也不能同时反对相同的对象，否则会出现逻辑矛盾。例如：

他既是大学生又不是大学生。

"是大学生"和"不是大学生"的概念是相互反对的，因而不能放到一个人身上。

（二）判断方面的要求

在同一思维过程中，一个判断不能既断定某个对象是什么，又断定它不是什么，即不能同时肯定两个互相矛盾或互相反对的判断都是真的，必须确认其中一个是假的。

例如，在一场讨论会上，主管问起大家对于甲观点的意见时，乙说："甲说的完全正确又不完全正确。"大家听完懵了，乙要说的是甲正确还是不正确？

完全正确已说明全部正确，不完全正确又说明有一部分是不正确的，因而不能用到对同一种事物的思维逻辑判断中。表述没有保持思想一致性，也难怪大家会听得糊涂。因此，只有遵循逻辑思维矛盾律，保持思想一致性，对方才能听懂并理解。

四、违反矛盾律的常见逻辑错误

在同一思维过程中，同时承认思维及其否定都是真的，即同时加以肯定，就会出现自相矛盾的逻辑错误。矛盾律不允许在思维过程中出现自相矛盾，矛盾律也叫不矛盾律。

例如，战国《韩非子·难一》中，楚人有鬻盾与矛者，誉之曰："吾盾之坚，物莫能陷也。"又誉其矛曰："吾矛之利，于物无不陷也。"或曰："以子之矛陷子之盾，何如？"其人弗能应也。

这就是成语自相矛盾的出处。楚人的话中有两个概念，即盾和矛；有两个判断，即什么都刺不穿的盾和什么都能刺穿的矛。因此，有个人就问他："用你自己的矛去刺自己的盾会怎么样？"楚人就回答不上来了。

虽然出现了两个概念和两个判断，但结果也只能是两个方面：一方面是楚人的矛刺不穿楚人的盾，说明"吾盾之坚，物莫能陷也"正确而"吾矛之利，于物无不陷也"错误；一方面是楚人的矛能刺穿楚人的盾，则说明"吾矛之利，于物无不陷也"正确而"吾盾之坚，物莫能陷也"错误。因此，"吾盾之坚，物莫能陷也""吾矛之利，于物无不陷也"两者只能有一个是真的，不能同时为真。

（一）概念的矛盾

概念的矛盾体现在同一概念中的互为否定。例如：

那块石板又圆又方。

圆形和方形是两个不同的概念，作用在同一事物上，只能呈现其中一种形状，不能表述成又圆又方，产生思维逻辑的错误。

(二) 判断的矛盾

判断的矛盾体现在同一个判断中的互为否定，它的出现容易误导人们对一个判定的理解。例如：

这里从来没有人进去过，进去的人都没有出来。

这句话就让人产生费解，既然从来没有人进去过，那怎么体现进去的人都没有出来？既然进去的人都没有出来，那怎么能叫作从来没有人进去过？这种话语的判定相互矛盾，句子产生歧义。

五、矛盾律的正确理解和运用

(一) 实践中的辩证逻辑矛盾

矛盾律存在是发现思维逻辑的矛盾，从而论证出正确的逻辑，因而要论证逻辑出现的矛盾错误，就要从矛和盾之间入手判断，使其不能自圆其说。

例如，在前面楚人自相矛盾的例子中，楚人对自己的矛和盾分别进行了极端的吹嘘和夸耀。别人仅一句"以子之矛陷子之盾，何如"，便使楚人的论题不攻自破。因为只能出现"楚人的矛刺不穿楚人的盾"或"楚人的矛能刺穿楚人的盾"的其中一种结果，两者不能同时存在，因而楚人语塞不能回答。这就是利用对方的矛盾来论证，并击败对方的典型事例。

又如，两个人打游戏导致上课迟到，编理由说是前面汽车爆胎堵在路上过不去，所以迟到。老师笑了笑，把两个人分别叫到两个教室，然

高语境语言中的逻辑学运用

后问了同样的两个问题,一个是"爆胎汽车是什么颜色?""汽车哪个轮胎爆胎了?"这正是用两人想象不到的逻辑矛盾,来论证两个人提出的汽车爆胎的论题。

(二)化解或解决矛盾

化解或解决矛盾,在一定程度上是遵循科学理论和科学发展的根本要求。以科学辩证来化解矛盾,不失为一种可靠的方式。

例如,在伽利略著名的两个铁球同时落地的实验前,对于物体在空中下落的观点一直是,重量大的速度快,这一结论持续了上千年。直到伽利略比萨斜塔实验成功,才推翻了这个观点。这就是在遵循科学理论和科学发展要求下解决了矛盾。

(三)逻辑推理辩证

在同一思维过程中,逻辑矛盾的出现往往伴随着推理逻辑的产生,因为在推理辩证的过程中,一个思维及其否定不能同时为真,其中必有一假。因此,推理就会广泛利用事物的矛盾来找出其中的真相。例如:

> 校园清洁工捡到一个被随手丢弃的易拉罐,于是便追上刚刚一起走过的甲、乙、丙三人,问是谁扔的。
> 甲回答:"是丙扔的。"
> 乙回答:"不是我扔的。"
> 丙回答:"甲说的不对。"

三个人都没有正面回答问题,但是只有一人说了真话,那么易拉罐到底是谁扔的?

要想找出说了真话的人,就要根据矛盾律要求,判断三人之间的话语逻辑矛盾。不难发现,甲和丙的说法互为矛盾,两个人说的不能同时

·230·

为真，必有一假，也就是两人中有一人肯定说了真话，那么另一人说的必然是假话，但谁说真话、谁说假话以及话的意思自不必分析，因为三人中只有一人说了真话，甲、丙其中有一人说真话，那由此判断乙说的肯定是假话，而乙说的是"不是我扔的"，那么这个易拉罐就是乙扔的。

总之，矛盾律有其独特的推理作用，有助于人们在纷繁复杂的话语中作出正确的判断，找到有效解决问题的关键办法，避免出现思维错误。

第三节 排中律

排中律是保证思维构建具有明确性的规律，要求在同一思维构建过程中，不能对不能同假的命题同时加以否定，即判断不应出现模棱两可的逻辑错误。本节基于排中律基本内容、逻辑结构、基本要求、正确理解运用几个方面，结合违反该逻辑规律出现的逻辑错误，分析排中律的相关概念和作用。

一、排中律的基本内容

排中律是指在思维构建过程中，两种思想不能同时为假，必须有一个是真，不存在中间项，

表述为要么是"A"，要么非"A"，其中"A"表示为一种思想，非"A"则表示对这种思想的否定，即"A"假，非"A"必定真，"A"真，非"A"必定假，也就是不会产生也许非真非假这种中间值，"A"与非"A"须明确真假，不会有第三种可能出现。

二、排中律的逻辑结构

排中律说明人的思维必须具有明确性，具体也是分为概念和命题。

就概念而言，某个事物代表的就是某个事物，某个对象代表的就是

某个对象，也就是说 A 就是 A，非 A 就是非 A，而 A 的内涵与外延也是属于 A，非 A 亦然。

就命题而言，在同一思维过程中，同一命题或者是真或者是假，否定一个就得肯定另一个，因而也就可以看出，排中律要求思维具有明确的判定，不能出现"是"和"非"之间、"对"和"错"之间的中间值判定，否则，在思维或者辩证过程中会很容易出现论证错误。

三、排中律的基本要求

排中律的基本要求也分为两个方面，即概念的排中和判断的排中，如图 7-4 所示。

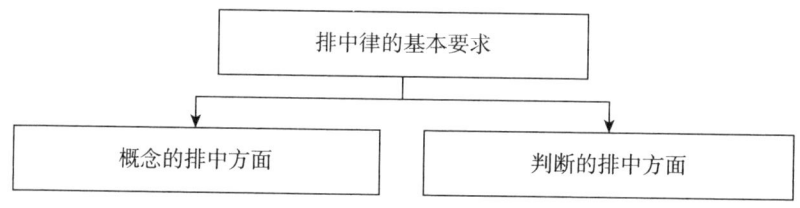

图 7-4 排中律的基本要求

（一）概念的排中方面

排中律概念的要求体现在同一思维过程中，任何一个对象，既可以用一个概念来反映，也可以用另一个概念来反映，但两者必有一个是真的。

（二）判断的排中方面

排中律判断的要求体现在同一思维过程中，对于同一对象的判定，虽有两个互相否定的思维架构，但不能同时加以否定，必须承认有一个是真的。例如：

甲和乙在谈论关于考试的事情。

甲说:"这次考试题好难呀!"

乙说:"那你没及格?"

甲说:"你这也太片面了,你怎么知道我没有及格?"

乙说:"那这么说你及格了。"

甲听后,回答:"你也太主观了,这么难的题,我怎么可能及格!"

这个对话有些令人摸不着头脑,先不管甲到底及格还是没及格,乙是通过甲的话语语境来判断甲的及格情况,因而乙在思维逻辑中正确运用了排中律,不是及格就是不及格,没有既及格又不及格的第三个方面。而甲在对话中明显是违背了思维逻辑中的排中律,模棱两可,错误地表述了自己的意思,将几句很简单的话弄成了无法理解的对话。想必乙随后的态度肯定是一走了之了。

四、违反排中律的常见逻辑错误

在同一思维过程中,违反排中律逻辑错误体现在"是"或者"否"全部否定,即对两个互相矛盾的判断没有进行二者择其一,都进行了否定的判定。

(一) 都否定

对排中律逻辑都否定表现在同一思维过程中,对具有矛盾关系的论题全部进行否定,出现了典型的"两不可"逻辑错误。例如:

三人谈论明天的天气。甲说:"明天不是晴天。"

乙说:"明天是晴天。"

丙说:"你俩说的都不对。"

在这个谈话中，甲和乙的观点已构成相互矛盾，两者必有一个是真的，丙只需要说甲说的对还是乙说的对就可以了，而丙却说甲和乙说的都不对，违反了话语思维排中律逻辑要求，结论模棱两可，让人费解。

（二）既不肯定也不否定

对排中律逻辑既不肯定也不否定表现在同一思维过程中，对具有矛盾关系的论题既不肯定也不否定，既不摇头也不点头，含糊不定。

例如，三个闺蜜逛街，看到一件裙子，一个人说："我好喜欢这条裙子。"另一人说："我一点也不喜欢这条裙子。"两人都看向第三个人，第三个人谁也不想得罪，只好说："这条裙子是吧，我觉得，这条裙子该怎么说呢……啊……哈哈。"

这就是在典型的问题真假方面不敢表明自己的观点，毫无原则，在两个互相矛盾的意见上犹犹豫豫，因而属于犯了违反排中律逻辑规律的错误。

五、排中律的正确理解和运用

排中律是让思维清晰明确的一条规则，在实际应用中有助于消除思维的"两不可"，确保了思维的明确性，即在思维逻辑判断中不能犹豫不决，不能既不肯定也不否定，必须选择其一。正确理解排中律本质，在诡辩的思维论断里，就可以找到互相排斥的观点去论证，并作出明确选择，还可在诡辩的思维逻辑中利用排中律去推理和辩证。

要么是"A"，要么非"A"，立场坚定，观点鲜明，这是汉语话语中思维逻辑排中律的表现，但是对于诸如"关于买这条裙子我还没有决定好""星期天去不去踢球我还没有想好"等话语，体现的是人们在对事情没有作出明确选择和判定时采取的"二不择一"的态度，这是人们在思维过程中产生的摇摆。但是就排中律而言，那条裙子最终结果肯定是"买"或者"不买"，踢球最终结果肯定是"去"或者"不去"，都将产生要么是"A",要么非"A"的最终结果,因而这些都是不违背排中律内容要求的。

因此,遵循逻辑思维的排中律,可以帮助人们清晰地表达观点,相较而言,它与矛盾律异曲同工,都是表述出让对方能明白的话语或者观点。而同一律、矛盾律和排中律,也是一切逻辑思维活动都必须遵守的基本思维准则,它们在传统逻辑中占有很重要的地位,分别从不同的方面保证思想的确定性、一致性和明确性。

第四节 充足理由律

充足理由律是保证思想具有真实性和可论证性的规律,表示任何判断都必须要用理由来支撑。充足理由律是技术理性的重要内容,它在现代科学技术领域占有一席之地。作为现代科学原理之一,它的合理运用,让人们在致力探求事物的本质、规律、定律等方面,可以构建起一个庞大的科学理论体系。本节从充足理由律的基本内容、逻辑结构、基本要求出发,解释理解和运用充足理由律的合理性,并结合违反该规律的错误逻辑问题,诠释充足理由律的作用。

一、充足理由律的基本内容

充足理由律是基本逻辑规律之一,它的提法源于18世纪德国哲学家、逻辑学家莱布尼茨(Leibniz)。充足理由律是指在同一思维过程中,一个思想被确定为真,总是有其充足理由的。也就是,如果A被判定为真,那么总是具有充足且真实的理由。

二、充足理由律的逻辑结构

用A来表示这个需要被确定真实性的判断,用B来表示特定的理由,则表示的公式为"A 真,因为 B 真;B 真,A 则真"。因此可以看出,充足理由律的关键就在于"理由"的成立。

这样的逻辑结构应具备两个方面要求,一是理由必须真实,二是理由与推断之间要有逻辑联系。

三、充足理由律的基本要求

充足理由律的基本要求分两个方面:一是理由必须真实,即理由必须真实体现在思维逻辑规律中必要有真实的理由;二是理由必须充足,即理由必须充足体现在思维逻辑规律中必要有充足的理由。

四、违反充足理由律的常见逻辑错误

根据充足理由律的要求判断,违反充足理由律的错误有两种。

(一)理由虚假

理由虚假表现在以主观臆断为基础判定依据,把不存在、与事实不符、与原理相悖的虚假判断当作充足理由来论证。例如:

有翅膀的都是鸟类。

上述事例,就是主观臆断有翅膀的都是鸟类,而忽略了一些昆虫也是有翅膀的,与原理相悖,作出了不合适的判定。

(二)推不出来

推不出来即作为判定的理由虽然真实,但与推断之间无必然联系,因而仅以固有理由真实,却推不出论断的实际真实性。

例如,俄国小说家契诃夫小说《套中人》里写别里科夫看到他的同事柯瓦连科同妹妹一起在街上骑自行车,吓得脸色由青到白。他指责柯

瓦连科"这种消遣，对于青年的教育者来说，是绝对不合宜的"，其理由是"如果教师骑自行车，那还希望学生做出什么好事来？他们可做的就只有倒过来，用脑袋走路了！既然政府还没有发出通告允许做这件事，那就做不得"。

别里科夫反对青年教师骑自行车的理由之一是"如果教师骑自行车，那么学生就不会做出好事来"，这是虚假理由。理由之二是"政府还没有发出通告允许做这件事"，理由虽真实，但不充分，也与推断之间没有必然联系，因而推不出来结论。

五、充足理由律的正确理解和运用

大型电视连续《三国演义》中道号"凤雏"的庞统被刘备随意安排到耒阳去做知县时，因感到自己的才能被埋没，终日买醉，百日不升堂理案，惹怒了刘备三弟张飞。张飞到耒阳抓起庞统就让他升堂审案，庞统这才慢悠悠地开始审理案件。在审案过程中，有一位年轻人与老人争口袋，老人的儿子用口袋装盐贩卖，而年轻人非一口咬定口袋是他的。对此，庞统令人将口袋一分为二，两人和差役分别去舔口袋的边缘。口袋为咸的，表明是装过盐的，因而断定口袋为老人所有。

在这个案子的审判过程中，庞统就是有效地运用了思维逻辑的充足理由律，通过舔口袋证明咸即装过盐，迅速断出了案子的始末缘由。因此，在使用充足理由律时，可以以故事、案例或者数据来作为论据，但论据必须是真实的和准确的，经得起检验和推敲的。

例如，电视连续剧《神探狄仁杰》中狄仁杰通过对一个案子的抽丝剥茧地分析判断，而说出破案的充足理由，他的推断正是对充足理由律地较好诠释，虽然狄公断案运用的是一种碎片化的整理和联系，但是通过认真调查、分析，进而将有关证据一一集结起来，最终以充足理由来佐证自己的判断，便增强了结论的可靠性。

与充足理由律相悖的则是理由的不充足，甚至有些虚假的成分。例如，一个企业贴出了招聘广告，上面写道："来到我们这里工作，让你一个星期买到自己的房子。"一个星期买房，于一份工作而言虽然充满了诱惑力，但是其显然不是一个充足的理由，因而是一个虚假的广告。因此，充足理由律的论据真的很重要，否则观点会显得苍白而不能让人信服。

在汉语话语思维的逻辑规律运用中，唯有运用以上规律才会在汉语话语思维中有形成明确的言语和行为，为社交加分，而一旦违背以上规律，便会给交往造成阻碍，甚至引发难以想象的后果。因此，遵从同一律、矛盾律、排中律、充足理由律，才是汉语话语正确思维有效构建的前题。

参考文献

[1] 马克思恩格斯全集：第 3 卷 [M]. 中共中央马克思恩格斯列宁斯大林著作编译局，译. 北京：人民出版社，1960.

[2] 刘莉. 外语教学与语言文化 [M]. 北京：九州出版社，2017.

[3] 李汝珍. 镜花缘 [M]. 北京：国际文化出版公司，2019.

[4] 苗力田. 亚里士多德全集：第一卷 [M]. 北京：中国人民大学出版社，1990.

[5] 马克思恩格斯选集：第 3 卷 [M]. 中共中央马克思恩格斯列宁斯大林著作编译局，编译. 北京：人民出版社，2012.

[6] 杜道流. 西方语言学史概要 [M]. 北京：北京交通大学出版社，2008.

[7] 王克喜，黄海. 中国文化视域中的语言与逻辑 [M]. 北京：中央编译出版社，2020.

[8] 辜鸿铭. 辜鸿铭讲国学 [M]. 北京：团结出版社，2019.

[9] 《专家学者论坛》编委会. 专家学者论坛 2007：第 1 卷 [M]. 南宁：广西科学技术出版社，2007.

[10] 老子. 道德经 [M]. 杨广恩，注译. 北京：民主与建设出版社，2017.

[11] 崔林. 媒介的变迁：从口语到文字 [M]. 北京：中国传媒大学出版社，2019.

[12] 刘爱玲，魏冰，吴继琴. 英语语言学与英语翻译理论研究 [M]. 长春：吉林出版集团股份有限公司，2020.

[13] 雪岗，等. 少年百科知识博览：文化文学 [M]. 北京：中国少年儿童出版社，2009.

[14] 霍尔. 超越文化 [M]. 居延安，等译. 上海：上海文化出版社，1988.

[15] 墨翟. 墨子 [M]. 长春：吉林大学出版社，2011.

[16] 陈玉新. 南怀瑾的人生禅学课 [M]. 武汉：华中科技大学出版社，2016.

[17] 王克喜，黄海. 广义论证视域下的中国逻辑思想研究 [M]. 北京：中央编译出版社，2019.

[18] 方润生. 国学经典诵读 [M]. 合肥：安徽大学出版社，2016.

[19] 李洪彩. 店名文化传播研究 [M]. 北京：知识产权出版社，2018.

[20] 成昭伟. "译"论纷纷：坊间翻译话语选读与诠释 [M]. 北京：国防工业出版社，2012.

[21] 王宏. 翻译研究新论 [M]. 哈尔滨：黑龙江人民出版社，2007.

[22] 苏文忠. 情感·学习的动力源：中学生学习情感研究 [M]. 北京：线装书局，2007.

[23] 朱光潜. 西方美学史：下册 [M]. 南京：江苏凤凰文艺出版社，2019.

[24] 刘孝学. 语文教学论基础 [M]. 长春：吉林大学出版社，1994.

[25] 伍铁平. 模糊语言学 [M]. 上海：上海外语教育出版社，1999.

[26] 道布. 道布文集 [M]. 上海：上海辞书出版社，2005.

[27] 王学贤，尹炎. 快速阅读法教程：1[M]. 北京：中国商业出版社，2000.

[28] 姚晓波. 中介语与对外汉语教学 [M]. 上海：学林出版社，2009.

[29] 国敬华. 高效阅读理论与实践 [M]. 北京：中国大地出版社，2010.

[30] 墨翟. 墨子 [M]. 长春：吉林大学出版社，2011.

[31] 王菲菲. 从中式思维模式探究汉英口译中的中式英语 [D]. 厦门：厦门大学，2014.

[32] 沈琴. 论中国逻辑研究的国际化 [D]. 贵阳：贵州大学，2018.

[33] 赵峰. 现代汉语否定句初探 [D]. 济南：山东大学，2004.

[34] 赵彧. 介词结构的否定位序类型与功能研究：以否定副词"不"的否定方式为例 [D]. 上海：上海师范大学，2019.

[35] 赵钰琪. 基于认识论分析的逻辑全知问题研究[D]. 上海：华东师范大学，2022.

[36] 连淑能. 中西思维方式：悟性与理性[J]. 外语与外语教学，2006（7）：35-38.

[37] 邹崇理，姚从军. 现代逻辑关于辩证思维现象的思考[J]. 学术研究，2022（5）：22-29，45，177.

[38] 李红. 理解高语境文化：中国传播观念的超语言逻辑[J]. 南京社会科学，2022（4）：97-104.

[39] 董敏. 语际显化的跨语言逻辑语法隐喻视角[J]. 解放军外国语学院学报，2018，41（3）：35-41，159-160.

[40] 陈硕. 实证研究中的语言逻辑与数理逻辑[J]. 公共行政评论，2015，8（4）：31-44，183.

[41] 赵富春，徐以中. 认知逻辑与语言逻辑的交叉与融合[J]. 外语学刊，2012（2）：49-53.

[42] 孙宏开. 罗常培先生对少数民族语言文字研究的贡献[J]. 中国语文，2009（4）：306-310.

[43] 蔡曙山. 论符号学三分法对语言哲学和语言逻辑的影响[J]. 北京大学学报（哲学社会科学版），2006（3）：50-58.

[44] 夏国军. 语言逻辑与形式化[J]. 南开学报，2004（3）：63-72.

[45] 李雨航. 从语言逻辑到日常推理：《陈宗明文集》评介[J]. 河池学院学报，2020，40（4）：78-81.

[46] 王永平. 语言逻辑转换：英语口译的过程研究[J]. 海外英语，2020（5）：134-135.

[47] 万迪军，周保国. 《墨辩》的语言逻辑与必然性类比研究[J]. 理论月刊，2020（2）：123-131.

[48] 姚从军，邹崇理. 自然语言逻辑语义学研究述评[J]. 长沙理工大学学报（社会科学版），2016，31（2）：32-37.

[49] 孙志海. 价值理论概念体系的反思与重构：从语言逻辑分析出发[J]. 上海财经大学学报，2015，17（6）：13-21.

[50] 夏年喜. 逻辑学、语言学与信息科学：论自然语言逻辑的学科性质[J].

安徽大学学报，2006（2）：44-47.

[51] 夏年喜. 自然语言逻辑研究的现状与趋势 [J]. 哲学动态，2004（6）：31-34.

[52] 胡泽洪. 语言逻辑与语用推理 [J]. 学术研究，2003（12）：69-71.